誰偷走了我的快樂

應對負面情緒自助手冊

湯國鈞　李靜慧　李智群　著

誰偷走了我的快樂——應對負面情緒自助手冊
作者／湯國鈞　李靜慧　李智群
責任編輯／伍詠慈
美術設計／范育賢
出版發行／突破出版社
香港沙田亞公角山路33號突破青年村
電話：2632 0000　傳真：2632 0388
電郵：breakthrough@breakthrough.org.hk
網址：http://www.breakthrough.org.hk
http://www.btproduct.com
承印／陽光（彩美）印刷有限公司
2004年7月初版1刷
2009年4月初版5刷
2017年10月2版1刷
2023年4月2版6刷

Who Stole My Happiness: Handbook for Coping with Negative Emotion
by Anthony Tong, Rosa Lee & Carole Li
First Printing, First Edition, July 2004
Fifth Printing, First Edition, April 2009
First Printing, Second Edition, October 2017
Sixth Printing, Second Edition, April 2023

Printed in Hong Kong
ISBN 978-988-8392-61-2

誠邀閣下就突破出版社的書籍發表意見

歡迎加入突破書籍 Facebook page——http://www.facebook.com/btbooks.page

本書採用環保油墨印刷

生 活 與 輔 導

關懷、連繫、復和、

溝通、對話……

凝視心之脈動，

直到重新尋獲自己的心。

目錄

姚序

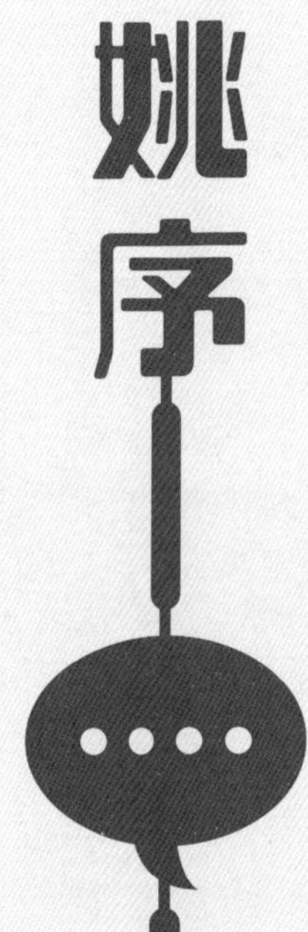

「情緒病」這名詞近年在香港各傳播媒體中大受歡迎，在報章、雜誌、電台的專訪，都常常看到這個題目；中、小學的教師，也開始引用「情緒病」作為學生專題研習和成長課的標題。從這些現象，可見公眾對情緒健康教育和有關資訊的殷切需求。

從精神醫學的角度看，最常見的兩種情緒病是焦慮症和抑鬱症。要醫治情緒病，藥物和心理治療同樣重要。「心病還須心藥醫」，《**誰偷走了我的快樂 —— 應對負面情緒自助手冊**》正要介紹「心藥」的理論和實踐的方法。作者湯國鈞博士在基督教聯合醫院的臨牀工作中，曾將手冊內介紹的模式應用到病人身上，獲得令人鼓舞的成效。

在心理治療中，「自助手冊」是廣泛為人接受的模式，近年更發展到互聯網上的應用。據外國的研究顯示，對某些情緒病人來説，自助手冊可帶來正面的療效。

綜觀整本手冊是從實際出發，援引自助模式，幫助讀者了解自己的情緒，有了「知己知彼」的準備，然後着手為情緒作出管理和保健的行動。對於廣大讀者，內容既有緩減情緒困擾的目的，亦可增強對情緒病的「抵抗力」，提升情緒健康。

我誠意向你推介這本書。

姚家聰醫生
基督教聯合醫院精神科部門主管

鄧序

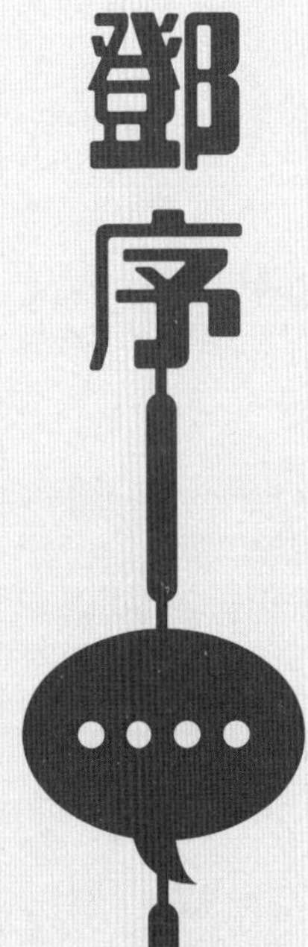

我曾經是一個很不快樂的人。童年時，父母每天都在爭吵。我是在恐懼、憂慮、憤怒和沮喪的情緒中成長，不愉快的童年立即對少年的我留下負面的回憶。我曾經是個很自卑、缺乏自信和安全感的青年人，唸大學時，我急不及待選了心理學，因為我很渴望更認識自己，了解身邊的人。雖然我紮穩了學問根基，但同時亦迷失了方向。我急於一下子推翻自己黯淡的過去，不自覺地變得狂妄、驕傲，人際關係一敗塗地！

我的人生是從三十歲重新開始的。那年我當了媽媽，兒子的出現令我對生命有新的發現！陽光、空氣、花草、一件芝士蛋糕、一杯香濃咖啡、孩子的笑聲、陌生人的一個微笑、朋友的互相鼓勵、家人的愛……原來世界是這麼美麗的！今天的我終於找到了快樂！

讀着湯國鈞博士的新書《**誰偷走了我的快樂——應對負面情緒自助手冊**》，赫然發現正在重溫自己過往漫長的心路歷程。面對不同階段的人生際遇，令我的情緒不斷承受沉重的壓力。怎樣才能走出抑鬱情緒的低谷？原來是取決於我們對自己的情緒有多了解，從而採取主導，做自己情緒的主人，那麼快樂的人生就在咫尺。

湯國鈞博士一直是我主持的電台節目《訴心事家庭》的好拍檔，同時也是我的良師益友，遇到與心理學有關的疑問，我都會走去找他討教。湯博士樂於助人，態度熱誠，同時是個一絲不苟的人，看他每次出席節目時手上拿着厚厚的資料便略知一二。這本書資料詳盡，果然是湯博士的一貫作風。

我曾花了近半生的時間來認識自己，這本《**誰偷走了我的快樂 —— 應對負面情緒自助手冊**》對很多朋友來說，無疑是一個自我認知的捷徑呢！

鄧藹霖

香港電台節目《訴心事家庭》前任主持

代序

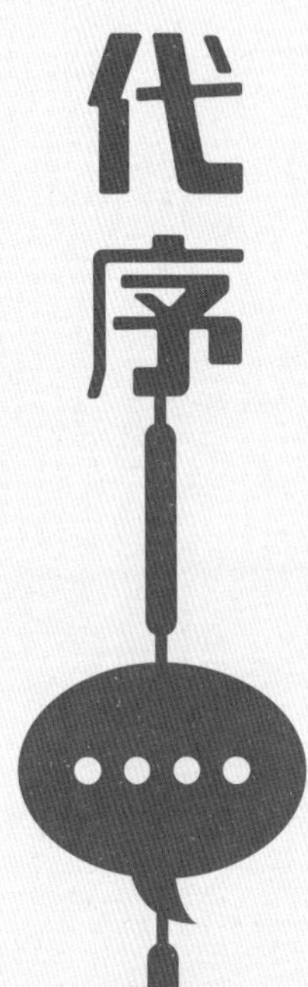

世界衛生組織估計，**到 2020 年，抑鬱症將成為全球第二號嚴重的疾病**，僅次於心臟病。的而且確，香港這**幾年患上抑鬱症及其他情緒病的人數不斷攀升**，生活壓力、關係惡化、家庭暴力、欺凌、自殺等問題亦日趨嚴重。其實，除了以上令人極之關注的情況外，很多人都飽受精神壓力和情緒問題所困擾，隨便在街上走走，不難發現人的歡顏愈來愈少，苦臉卻愈來愈多。很多人精神緊張，心裏鬱結，卻不知如何紓解自己的心情，積壓下來便很容易演變成情緒病了。

心情是否真的沒有方法改變？情緒是否一定要受制於現實環境？快樂真的如此難尋？現代心理學和心理治療其實提供了很多有效、明確的知識和方法，幫助我們認清及好好管理自己的心情，做自己情緒的主人。情緒是與生俱來的，各有其價值和功能。正面的情緒，例如快樂和慈愛帶給我們動力和意義；即使負面情緒亦可以是我們的「良友」，例如恐懼提醒我們防備，焦慮提醒我們警醒，沮喪促使我們安靜和反思。沒有情緒的人叫做死人。

然而，很多因素，例如童年的陰影、性格問題、現實環境、身體狀況等，都可以使人有時陷入極度或慣性的負面情緒裏，嚴重影響個人的心理健康和生活素質。情緒失控成為現代都市人的普遍通病，所以若要掌管和調節自己的心情，就必須了解情緒的來龍去脈和改變的法則，並多加練習，自然能幫助自己成為情緒的主人。

雖然目前有關情緒的書籍已經很多，但大多數是翻譯外文的，本地的優質著作不多，以自助手冊形式出現的更少。此書的前身是一本為情緒病患者而設的小組心理治療自助課程手冊，是筆者及其他作者經數年來的臨牀驗證，證明對情緒困擾或希望改進情緒健康的人士帶來極大幫助，故此我們將之以自助手冊形式出版，希望使更多人受惠，幫助改善情緒健康（有興趣者可瀏覽以下網址：http://www.ucep.org.hk）。

本書有三個特色：（一）書中的情緒知識和改善方法是基於現代心理學的研究和驗證，尤其是認知心理療法；（二）書中每章都有實際的練習和建議，可幫讀者掌握自己的情緒；（三）書中理論深入淺出，配以日常生活例子，即使不懂心理學的讀者也能活學活用。

但願《**誰偷走了我的快樂——應對負面情緒自助手冊**》能開啟並加深你對情緒的認識，助你有效地掌握和運用情緒，不單只減低不必要的負面情緒，更能尋找到快樂人生的秘訣。然而，若你按照本書的方法去做也無法改善惡劣的心情或情緒上的困擾，那你應考慮尋求專業人士的協助，如醫生、臨牀心理學家、社工、輔導員等。逃避面對問題只會令情況變壞。

湯國鈞
聯合情緒健康教育中心創辦人

增訂版代序

這本《回到開心時》的增訂版**《誰偷走了我的快樂——應對負面情緒自助手冊》**早在 2015 年就已開始構思，但因近年心理治療和情緒科學的發展迅速，嶄新的知識和理論不斷出現和演變，為了綜合各種與情緒自助相關的最新研究，這增訂版一直推遲到今年才完成。

《回到開心時》的初版是 2004 年完成的，主要是以認知行為治療的理論和手法為基礎。在這十多年間，心理學和心理治療對情緒健康的問題有了更多的了解，主要來自主流中的靜觀治療、接納與承諾治療和情感調適訓練等，其共通之處有以下五點：

1. 情緒是自然、正常和有其功用的，我們應學習了解和善待之；

2. 情緒困擾一大主因，是我們抗拒或逃避自己正常的痛苦經驗，不健康的處理手法往往帶來更大的心理困擾和問題；

3. 能夠接納、抽離和靜觀自己的經驗非常重要，這才能承載痛苦和不快情緒而不陷入其中；

4. 對自己抱有慈心也是非常有效的情緒調適之道，與自我為敵、憎恨不接納自己、對自己過分批判等都是負面情緒的根源，慈心和憐憫可為自己帶來新的希望和力量；

5. 積極追求過一個有目標、有價值和意義的生活是應對負面情緒最有效的方法，健康的人生觀和價值觀可為情緒健康奠下基石，增強抗逆能力。

自《回到開心時》出版以來，這十多年間香港人似乎愈來愈不快樂，相信原因是多方面的，年青人感到理想與現實的落差愈來愈大；成年人要不斷為生計奔馳；甚至小孩子也感受到生活的壓力，特別是在學業方面。在這個人人都被壓力壓得透不過氣來的時代，我們更需要有堅強的信念和健康的心靈去面對種種挑戰，希望這本新書《**誰偷走了我的快樂 —— 應對負面情緒自助手冊**》，可以為讀者提供一些有效的應對負面情緒方法，為自己人生帶來更多的姿彩和意義。但願這新書可成為一股清泉，滋潤大家的心靈。

湯國鈞
聯合情緒健康教育中心創辦人
2017 年 9 月 30 日

聯合情緒健康教育中心

隸屬基督教聯合醫務協會，致力提供預防性的心理教育服務，提倡正向心理和精神健康。服務對象及範圍包括：
1. 透過傳媒、公眾活動及課程，推廣情緒健康和正向心理。
2. 為專業人士和私人機構提供培訓，學習更有效地處理有關情緒健康的問題，提升生活及工作效率。
3. 為情緒困擾人士提供心理治療及心理輔導。

網址：www.ucep.org.hk　　查詢：2349 3212

認識
情緒篇

第一章
誰偷走了你的心情？

- 認識快樂指數
- 了解情緒分類
- 情緒受什麼因素影響？

你快樂嗎？

我們常聽人說：「做人都是想開心些。」但恐怕說這話的人多是不開心的居多。你自覺是個開心的人嗎？愉快正面的情緒常出現在你身上嗎？若然屬實，你多數對這書不會抱太大興趣。你可能較為熟悉負面的情緒，這樣「誰偷走了我的快樂」才對你有吸引力。

你怎樣看待自己的情緒呢？你會歡迎、接納自己的情緒，還是拒絕、逃避它們呢？這本書是基於現代心理學、輔導及心理治療的理論和經驗寫成的，為你探討回到開心時的理據和方法，是一本理論與實踐並重的書。要掌握快樂的秘訣，首先要明白情緒的性質和作用、產生的過程和轉化的因由、情緒與個人目標、渴求等的關係、慣常處理情緒的手法和調適策略等。這些課題本書都會為你一一陳述，為你鋪排一幅重奪快樂的路線圖。

香港人的快樂面貌

你覺得香港人快樂嗎？近年香港快樂指數的調查結果一直都不如理想，例如根據 2016 年英國新經濟基金會發表的「快樂地球指數」（Happy Planet Index 2016）香港排位第 123 名，比中國的 72 位還低。在 2014 年美國民調機構蓋洛普（Gallop）對全球國家及地區快樂指數的調查中，香港只有 39% 的人覺得生活愉快，排行尾四，僅較希臘、伊拉克及保加利亞為佳。另一個亞洲青年的調查顯示，台灣和寧夏的青年最快樂，香港則排尾三，有超過五成的青年人不快樂。

此外，中大生活質素研究中心在 2013 年的研究顯示，在 2000 名 15 至 70 歲的受訪者中，有高達 38.9% 出現情緒困擾症狀，但當中只有 16.1% 曾尋求專業協助，因此中心認為及早於社區推廣和提升情緒健康信息十分重要。

不論你如何解讀這些調查結果，不爭的事實是愈來愈多香港人不快樂，你會是其中一員嗎？不快樂的原因是什麼？相信沒有簡單的答案，我們當然可以從不同的角度去探討，包括社會、政治、經濟、文化、民生、環境等各個層面，但這本書的定位既然是心理自助，我們會聚焦從個人心理層面去探討不快樂的原因和重奪快樂的秘訣。

心靈是一座冰山

情緒是人心理的必然部分，佔有非常重要的位置，很多人的情緒出現問題或困擾，甚至患上情緒病；即使你的情況沒有這麼嚴重，但若你整日悶悶不樂，生活只是隨波逐流，找不到開心的感覺或生活的意義，那你又是否甘心呢？

若要了解情緒，就先要明白人的內心世界如何運作。人的內心世界恍如一座心靈的冰山，表層是易見的，但愈往下走就愈不易被察覺，但其實底層才是推動上層的力量泉源。要了解自己的內心世界，並非容易，我們有太多認識自己的障礙，**例如缺乏自覺能力、潛意識逃避面對痛苦的事情、自我防衛機制等等**。要明白這心靈的冰山，可參考下圖：

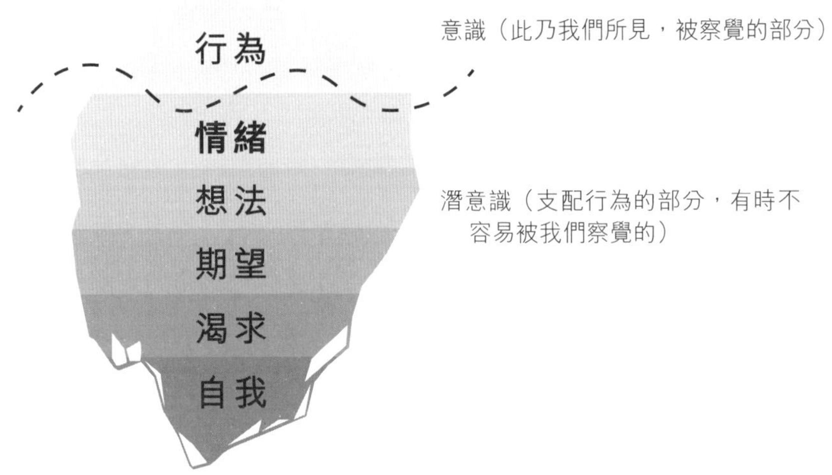

情緒的產生和變化是與我們的**期望和渴求**息息相關的。期望和渴求可以為我們帶來生活的動力，但失望卻可帶來痛苦。我們每天的行為都是有目的的，都是為求達到自己的期望或要求。期望得到滿足或目標達成，可以叫人產生愉快正面情緒；相反，當期望落空或目標失敗叫人感到痛苦失落，便產生不愉快的負面情緒。因此，簡單地說我們的情緒會直接反映現實與我們的內心的期望和渴求之間的距離，差距愈大負面情緒的出現機會也愈高，情緒的困擾也可能愈大。

舉一些現實生活中的例子可令你更易明白以上的道理。曾經有一個電視節目叫《有樓萬事足》，探討香港人對置業的心態，當中運用了相當誇張的拍攝手法，叫人側目，但無可否認買樓自住或投資已成為許多香港人朝思暮想日夜追求的目標，置業已成為生活快樂和成功的重要指標。當我們視置業為基本需要或合理期望時，成功與否自然會牽動我們的情緒，成為快樂人生不可或缺的條件。但假若有些人覺得買樓自住不是必需的，租屋也是個不錯和合理的選擇時，他們的情緒也不會因為不能置業而受到太大影響，這與他們所認定的需要和期望是有直接關係的。

期望的達成或落空直接影響我們的情緒，而期望背後往往反映我們抱持的**價值觀和人生信念**，簡單地說就是我們認為人生中最重要的事情，也是我們所最重視的。有些人可能最重視親情或感情，親密的人際關係最為重要；有些人可能最重視自己的事業和成就，代表着個人的價值和重要性；有些人可能最看重的是靈性或宗教上的經驗，不甘於受世俗的限制或物質生活的約束，致力追求自我的昇華和超越及人生終極的意義等。當然，也有許多人是完全不能清楚説明自己的價值觀或人生信念的，他們容易受環境或他人影響，對自己本身抱持什麼價值和信念沒有深刻的反思，故情緒也易受制於人生的際遇，缺乏自主的能力。

你覺得自己屬於哪一類人呢？你清楚自己的價值取向和人生信念嗎？什麼對你來説是最重要的呢？你日常生活的情緒反應，開心與不開心，又如何反映出你的價值觀和信念呢？許多時現實往往與你的價值觀和信念不符，甚至出現巨大落差，你的情緒會大受打擊嗎？你要如何平衡自己的心情或回到開心時呢？

其實，人內心最大的動力是**滿足自己的需要**，當深層的需要得到滿足時，愉快正面的情緒自然會產生，例如開心、興奮、喜悅、滿足、平靜、舒暢等感覺；另一方面當這些需要不被滿足時，我們就會經驗到不愉快的負面情緒，例如焦慮、沮喪、憤怒、恐懼、內疚等。然而，清楚知道自己的需要並非必然，有些需要可能較易掌握，例如身體上的需要（飢餓、疲倦等），但有些心靈上的需要較為複雜和隱藏，並非顯而易見。有時我們會因固有的價值觀和信念而壓抑或逃避自己的需要，例如因過強的自尊心而否認自己對他人的依賴或情感上的需要。本地電視台曾經播過一齣非常受歡迎的劇集，名叫《不懂撒嬌的女人》，故事環繞幾對情侶的感情生活，當中包含非常複雜和矛盾的關係，例如明明深愛對方但又害怕委身和結婚，結果做出一些可能傷害自己及對方的決定。事實上許多人不快樂可能是因為不明白自己的需要或不曉得如何滿足自己的需要，又或者認為現實不可能配合自己的需要，這些經驗上的落差會叫我們感到痛苦和不快樂。

快樂拼圖

掌握自己的內心世界有助了解自己情緒的由來和變化，但是否就能決定自己快樂還是不快樂呢？其實認識自己內心世界只是掌握自己心情的起步點，在這快樂的拼圖上還有其他我們需要留意的板塊。被譽為正向心理學之父的著名心理學家馬丁沙利文（Martin Seligman）就曾指出，人的**一般快樂指數**主要由三大元素決定（要注意的是這一般快樂指數乃指個人通常擁有的快樂程度，可說是這個人一般來說有多快樂，並非指短暫的心情變化)。根據研究顯示，人快樂與否有一半即 50% 是與他的遺傳因素有關的，有些人天生具備較樂觀愉快的情緒特質，這是由大腦的遺傳因子決定的；而有些人則天生較悲觀，易憂鬱或焦慮，這也是由大腦的遺傳因子決定的。

許多人以為環境是決定心情最重要的元素，情緒直接受現實環境所影響，順境時心情愉快，逆境時心情惡劣，不是很自然的事嗎？然而，心理學研究的發現似乎不是這樣，綜合各方面的因素，原來現實環境對個人恆常的快樂的影響只佔大約 10%。可能你會覺得這個推論有點兒不可思議，但的而且確性格或心理往往比際遇更影響我們是否快樂，例如有研究顯示中了獎券的人在中獎後一年心情會回復到中獎前的狀況，即是因中獎而產生的喜樂已經被消化得差不多，顯示際遇所帶來的情緒變化，一般並不持久，經一段時間後便會回復原來的面貌。當然，有些際遇的影響是比較長久的，例如喪親、重病等不幸事件，往往需要很長的時間才可能恢復過來，有時心情甚至很難完全復原。然而，總的來說人的快樂與否受自己性格或心理影響比受環境影響更大，所以世上才有許多不快樂的有錢人，也有許多快樂的窮人。俗語說：「性格決定命運」是有道理的！

現在要揭曉這快樂拼圖最後的一塊。若然遺傳因素佔了 50%，現實環境因素佔了 10%，那麼餘下的 40% 又是什麼呢？原來餘下這塊拼圖非常重要，也是這本情緒自助書的焦點所在，因這塊拼圖涉及個人的自主範圍，是我們可以學習和改變的。簡單來說，這塊拼圖包括所有我們內外的行為，外在的行為比較容易理解，就如計劃和參與一些有益身心的活動，一些可以產生滿足感、有價值和愉快情緒的事情，可以是興趣、嗜好、社交活動，也可以是投入工作或創作、發揮潛能等。當然，策劃和執行這些活動需要相當的付出和努力的，並非靠運氣或別人就可成就。而內在的行為在心理學上乃指人的內在經驗和活動，包括我們的渴求、期望、信念、思想、意志等，這些都是我們可以自主地學習和改變的。當然，想要改變這些自主的行為不一定容易，但既然這自主活動的板塊佔快樂拼圖的40%，那如何善於掌握和運用這塊拼圖就非常重要了，懂得快樂和回到開心時的人，就是那些知道如何善於運用這塊拼圖的人，往後你會讀到如何發揮這40 % 的影響力，藉以改善自己的情緒的各種有效方法和策略。

快樂指數 =50% 遺傳因素 +10% 現實環境 +40% 內外行為。

一切由情緒開始

要管理情緒，先來認識情緒這傢伙。

先看看以下例子：

文俊拖着疲倦的身軀放工回家。剛踏入家門，太太急不及待投訴兒子的頑劣行為，又要求丈夫儘快把壞了的電視機拿去修理。這時兒子正在廳中跟菲傭鬥氣，文俊突然怒火中燒，拿起籐條二話不說向兒子狂抽。事後文俊非常後悔，不明白自己為何會如此失控。

你認為文俊為何會這樣？他經歷到哪些情緒？這些情緒是如何產生的呢？

文俊回家後可能主觀地理解一連串的事為：

- 不如意和困難的事情總是衝着他而來；
- 兒子為何不能聽話乖巧，總是惹麻煩？
- 我承受不住了，我要爆發了！

這些主觀理解牽涉認知和動機的因素（文俊希望回家後有個寧靜舒服的環境讓他休息），亦會帶來生理反應（例如血壓上升、心跳加速）和行動（打罵兒子）。

假如你是天使，有無邊的法力，可以令人類失去某種情緒反應，你會挪走人類哪一種情緒？為什麼你選擇這種情緒呢？情緒到底是怎麼的一回事？為什麼人會有情緒？

問世間「情」為何物？

到底情緒的定義是什麼？丹尼爾高曼（Daniel Goleman, 1995）在《情緒智商》（*Emotional Intelligence*）一書中把情緒定義為「感覺及其特有的思想、生理與心理的狀態，以及相關的行為傾向。」台灣學者張春興（1989）指出「情緒是受到某種刺激所產生的身心激動狀態，此狀態包含複雜的情感性反應與生理的變化。」我們覺得較全面清晰的定義是由著名心理學教授拉扎勒斯（Dr. Lazarus）（2000）提出：「情緒是我們因外在或內在環境轉變而產生的生理上、主觀意識上和行動傾向上的反應。」簡而言之，情緒是我們整個人對內外環境的即時自然反應。**不論是負面或是正面的情緒都有它的價值和功用，不容忽視。**

產生情緒的過程非常複雜，牽涉客觀環境的理解、認知、動機、需要、生理傾向等多方面（圖一）。

圖一：情緒脈絡圖

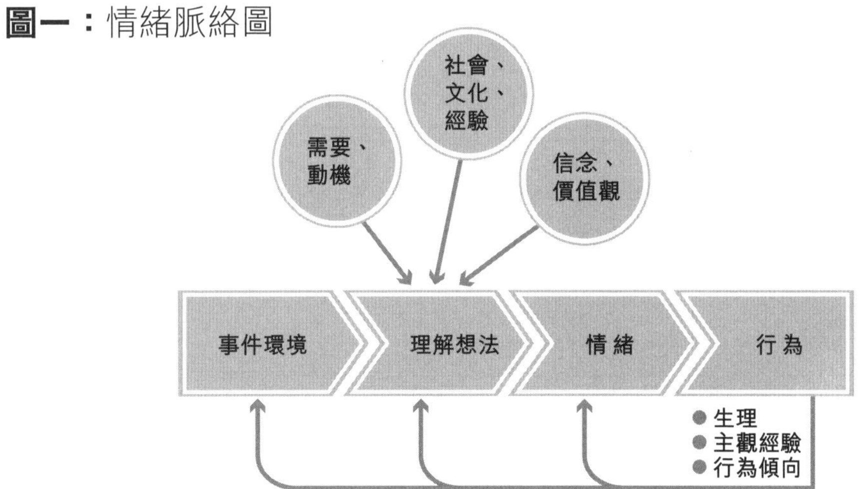

產生情緒的過程：情理兼備

回想你昨天或今天的主觀感受，自然發現當中有很多的情緒變化，有開心的有不開心的。這些情緒大多與一些事情有關，卻並非由事件直接製造出來，它必須透過你對事情的理解和想法才會產生情緒（Lazarus, 1991）。

我們對事情的想法憑以下三方面衍生出來：

・我們的需要和動機，例如渴求被愛的人可能把普通的事情浪漫化，幻想多多；

・我們的信念和價值觀，例如堅信公義的人會視不平等的事為抗爭目標；

・社會的文化、經濟因素，例如物質主義和風氣令我們很着緊錢財的得失，以及和別人比較的想法。

至於情緒本身，則包括生理上的變化、主觀經驗的產生和行動傾向。想法和情緒往往驅使你採取行動，試圖滿足自己的需要和動機，例如當你覺得被欺負，感到憤怒，你可能會反擊（行動措施），以維持自己的尊嚴和利益（需要）。這些行為反過來亦影響環境、你的想法和情緒，造成一種循環現象。

從生理結構看情緒

情緒的出現並非無中生有，它可能源自外在環境或是自己內心的變化（見圖二）。所有信息先被大腦接收，然後加以分析和整理，這就是所謂「理解」現實的程序。這過程的產生通常是在電光火石之間，快得不以為意，很多時也是我們不能解釋出現情緒的主要原因之一。

瞬息之間，我們大腦的皮質（cortex）和情緒中心的杏仁核（amygdala）

同時發揮作用，分別處理外來刺激和作出反應，包括生理上、主觀認知上和行動傾向上的反應。尤其在一些被視為嚴重威脅或危急的情況下，我們的情緒反應會來得更為迅速和自然，以致我們能及時作出自救的反應，免受傷害。有時候我們很難理智地控制自己的情緒反應，就是在於我們根本沒有足夠時間慢慢分析和處理問題，不過這正是我們管理情緒的挑戰所在。

此外，每一種情緒反應都包含相應的身體變化，帶來的生理變化有時是可察覺得到的，譬如焦慮的情緒令我們呼吸急速、心跳加快、血壓上升、肌肉收緊和血糖升高等（圖二）。

圖二：負面情緒產生的生理過程

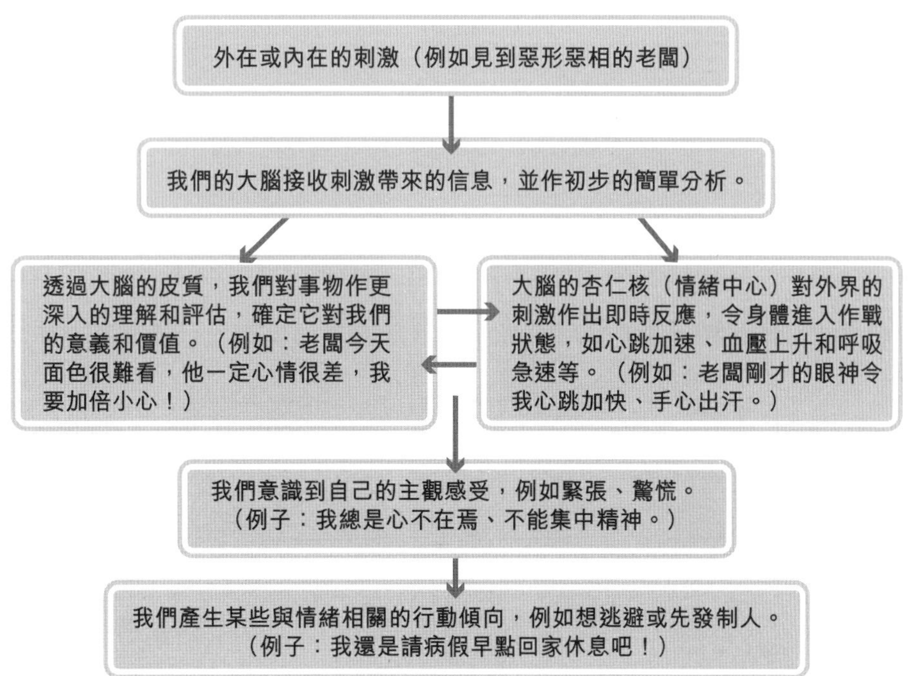

情緒的分類

人的情緒複雜多變，類別繁多，心理學的研究一般把情緒分為兩大類：基本情緒（basic emotions）和衍生情緒（derived or secondary emotions）。

基本情緒是與生俱來的，不須經過學習。心理學家 Plutchik（1980）提出八種基本情緒：恐懼、哀傷、憤怒、快樂、驚訝、厭惡、期待和接受。這些基本情緒在不同的文化之下都可發現。

至於衍生情緒是由兩種或以上的基本情緒衍生出來的。嬰孩隨着年齡增長，經歷增加，自然產生較複雜多變的情緒，例如焦慮、不安、羞愧、興奮、羨慕、敵意、憂鬱等。興奮是由喜悅、期待、不安等情緒混合而成的，憂鬱則包含煩惱、害怕、失望等情緒在內。衍生的情緒較為複雜和難以理解，必須加以分析和探索，才能夠妥善處理和轉化。

誰主宰情緒的浮沉？

綜合以上對情緒的理解，可以推論出情緒的變化主要受三個因素影響：

一．現實因素

現實環境是牽引我們情緒的一大重要因素。「人生不如意事十常八九」，當人遇到不如意或逆境時，負面的情緒就會湧現，例如驚慌、焦慮、沮喪、無奈等。相反，若是環境一帆風順，正面的情緒隨之而來，例如高興、滿足、喜悅等。雖然我們難免受到外界事物影響，但如前面「快樂拼圖」中所言，客觀環境因素並不能充分解釋情緒的變化，因人面對同一環境可以有不同的情緒反應，我們需要了解其餘兩種決定情緒的因素。

二．認知因素

出現情緒的源頭往往並非事件本身，而是我們對事件的理解，是一種主觀認知的經驗。例如同樣是半杯水，悲觀的人會說：「唉！我只剩下半杯水！」樂觀的人則說：「幸好我還有半杯水啊！」事實上，每種情緒反應都是與某類型的理解掛鉤，圖三列出幾個典型的例子（圖三）：

圖三：情緒反應與理解掛鉤的例子

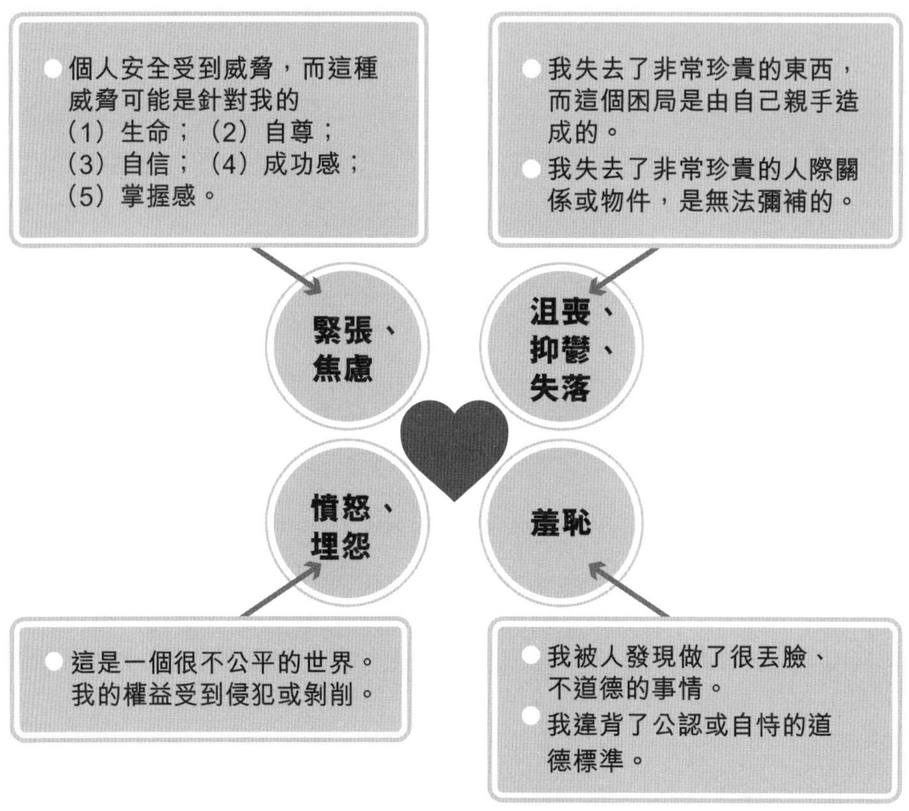

由此可見，主觀的理解是決定情緒的關鍵所在。很多時，過激的情緒反應或負面的情緒習慣都是由負面或歪曲的想法而來。要改善情緒健康，就必須由自己的思想和對現實的理解入手，本書「技巧訓練篇」將深入討論。

三．差距因素

我們對現實的理解的差距愈大，產生負面情緒的機會也愈高。事實上，很多人將理想和要求定得太高，過於執著自己的標準，一旦不能隨心所欲，便感到沮喪、無奈、憤怒，對現實諸多不滿。由此可見，情緒的產生是相對而非絕對的。快樂的人不一定生活得暢順如意，可能是他們懂得知足，對現實抱合理的要求和期望。相反，不快樂的人不一定是際遇很差，可能是他們太執著於自己的期望和要求。這種「心理相對論」提醒我們：要令自己開心，可以嘗試努力達致自己的期望，改變現實、改善環境。如果這方法不行，那就要調校自己的要求和期望，使自己更容易滿足和快樂。這兩個方法的重點，都是儘量縮短現實和期望的差距，從而改善自己的情緒。

其實很多人心情壞，都是因達不到自己的理想。有些人會責怪自己的能力不足，並且感到沮喪，鬱鬱不歡；有些人會把責任推到環境或別人身上，對現實諸多不滿，並感到憤怒，卻沒有客觀反省自己的目標和付出是否適切。除了反省之外，我們更可以積極改善和裝備自己，學習處理壓力和解決問題的技巧（參考第五及第七章），以達致自己的目標。

結語

情緒經驗的確是我們生活中很重要的部分，這是無可置疑的。快樂是你我都渴望追求的，但要回到開心時就先要明白情緒的本質和由來，並掌握情緒調適之道，這將會是第二章的主題。你準備好了嗎？立刻就為你解開「情緒調適之道」之謎。

第二章
情緒調適之道

- 誤解情緒的三個迷思
- 處理情緒的四個時機
- 調適情緒的四個步驟

情緒的迷思和陷阱

我們每天都面對自己千變萬化不同的情緒，它們可以大大的影響我們生活的質素和滿足感，到底應用什麼的態度和方法看待呢？除了現實因素之外，很多人活得不快樂是與如何看待和處理自己的情緒有關。若對自己的情緒有錯誤和不健康的認知和處理，容易構成心理健康問題，我們稱這些有問題的情緒認知和處理為情緒的迷思和陷阱，現試分述如下：

迷思一：負面情緒是不應出現的

第一個也是最基本的情緒迷思就是全面否定壞心情或負面情緒的存在價值，認為它們不應該出現，只會帶來痛苦，毫無意義，應儘快被移除或消滅。何謂壞情緒或負面情緒呢？在很多人的心目中，就是那些叫自己感到不快、痛苦的情緒反應，例如恐懼、焦慮、煩躁、抑鬱、沮喪、羞恥、自卑、內疚、憤怒、厭惡等等。既然這些情緒叫人感到不快和痛苦，我們就應用盡方法去移除或減少它們，不論是用何種手段。的確，我們總是希望自己能活在快樂之中，不用面對任何痛苦，但這是否切合現實呢？是否合適的對待心情之道呢？這樣否定負面情緒的存在價值是不智的，人人都會經驗到負面情緒，這在生活中是常態，不接受只會造成矛盾和更多的痛苦，這點在本章後半部會有更清晰的論述。

迷思二：負面情緒應該儘量受到控制

第二個對情緒的迷思或陷阱就是認為負面情緒既然帶來痛苦，就應儘量控制，以減少它的負面影響。這種想法存在着一個假設，就是我們可以自由地、輕易地、有效地控制自己的情緒，彷彿像操控一台電腦或機器一樣，只要我們按着電腦程式或機器操作手冊去做就可以，在許多道德修為或文化素養之中，這種情緒的控制甚至被視為一種成熟的表現。

負面情緒是否需要受到控制？又是否可以受到控制？答案並非如想像中的簡單。當然，情緒失控可以帶來負面甚至嚴重的後果，但情緒絕非單要受控，更要被善待。我們的大腦要比電腦更為奇妙複雜，情緒的產生有其必要性和價值，未經正視了解就強加控制的話，只會帶來負面效果，例如產生內心的矛盾不協調和張力，就好像面對緊張情緒的人，愈叫自己不要緊張就只會愈緊張一樣。想去控制情緒的意念是大腦皮質區的活動，但情緒的產生和演變則主要是大腦邊緣系統（Limbic system）的活動，兩者各有自己的神經迴路，並非直接受對方影響或指揮的。因此，我們若想用自己的意志和思維去控制情緒經驗，顯然是非常困難的，甚至會造成反效果。我們需要的是學習如何了解和善待自己的情緒，然後再加以引導，這才是較理想的情緒調適之道。

迷思三：我們應該儘量逃避痛苦和負面情緒

追求快樂，逃避痛苦是許多人心中最大的願景，所以負面情緒自然是可避則避。逃避的方法有很多種，有些人用忙碌的工作或填滿的時間表來逃避；有些人則用玩樂或娛樂來掩蓋負面的心情；有些人則用酒精、藥丸等來麻醉自己；有些人索性令自己的感覺麻木，變成對情緒不知不覺，藉此來逃避痛苦。

人類的內心希望逃避痛苦的動機是如此的根深蒂固，以致我們在潛意識中會運用各種自欺的手段，即自我防衛的心理機制，來協助自己不用面對痛苦的感覺和經驗。常見用來逃避痛苦的心理機制包括壓抑、投射、合理化、否定、歪曲、補償、退化、隔離、轉移等，它們可發揮自我保護免受痛苦的功能，但同時帶來自欺、扼殺自我了解、真誠面對真相的機會，亦會成為人格發展上的障礙。心理分析和心理動力理論對這些自我防衛機制有非常深刻的洞見，這裏不作詳述。

不論是用何種逃避手法，背後都存在一個假設：痛苦是不好的，是不應或不能忍受的，快樂的人生應該儘量減少痛苦。可是，近年心理學和治療界的理論和研究，例如靜觀治療（Mindfulness therapy）和接納與承諾治療（Acceptance and commitment therapy），都清楚指出逃避情緒和痛苦往往只會帶來更大的困擾和問題，逃避痛苦的心態和行動甚至是情緒問題或情緒病的主要成因之一。逃避很少能成功的，最多只會帶來短暫的舒緩，可是長遠會造成更大的問題，利用濫藥或酗酒來逃避痛苦情緒就是一個最明顯不過的例子了。

情緒的正面功能

以上各種對情緒的迷思和陷阱，皆源自對情緒抱有較負面的看法，因負面情緒的確可以為我們帶來痛苦的經驗，我們自然希望除之而後快，但這是實際上不可行，在觀念上也是大錯特錯，因情緒的產生是有生理和心理上的必然性和需要，對我們的生活意義重大，甚至可說是生存的基本條件。我們只要了解情緒的正面價值和功用，自然就不會輕易對之採取否定甚至敵對的態度，這是情緒調適之道一個重要的基礎。

情緒真的有用嗎？試想像一下以下的情景：你在工作表現評核中被上司批評工作態度未夠主動積極，能力也未能達標，上司暗示你要加倍努力改善弱點，否則會影響你明年的續約機會。你若果知道後沒有任何緊張或擔心的心情，毫不在乎上司的批評，你想你明年續約的機會大嗎？情緒是反映我們對現實的評估，衡量現實是符合我們的目標期望、內心渴求、價值取向等，還是偏離我們這些內心的需要和想法。若是差距愈大，我們的負面情緒就愈容易出現；而這些負面情緒可以成為我們的提示和推動力，幫助我們調校自己的行動，改善自我和現實的關係。在以上的例子中，我們可以因緊張或擔心而認真尋求改善工作表現的方法，加大力度，為求改變上司對自己的評價和增加明年續約的機會。

近年心理學和心理治療，如正向心理學（Positive psychology）和情緒導向治療（Emotion-focused therapy）等，都重視情緒的功用和價值。總的來說，包括以下各種情緒的正面功用：

功能一：提供重要情報

情緒的產生讓我們留意到一些對我們重要的變化已出現，可能值得我們關注和作出適當回應。這些變化不單指外界事物，也包括我們心智上的活動，例如想起一些過去痛苦的回憶也會直接產生負面情緒。這些情緒提醒我們應當注意的事情，忽略這些重要情報往往要付出代價，如在上文的例子可能是失去一份工作。因此，留心覺察自己的心情變化有助更敏銳地了解自己的目標和需要，和更有效地回應現實的情況。

功能二：生存的推動力

情緒不單是提供重要的情報，更是我們得以生存下來重要的推動力。情緒就像我們的發電機，給予我們動力去為生活奮鬥，正面愉快的情緒如喜樂、平靜、放鬆、好奇、興奮、自豪、感恩、愛護等，吸引我們發揮自我，致力創造美好的人生，享受生命。另一方面，負面痛苦的情緒可以推動我們採取適當行動改善現實，減少有害的環境，達致平衡和安舒。在心靈的層面中，許多人因內心深處的不滿足和焦慮的驅使，不斷地尋求自我的超越和靈性方面的突破。這都是受內心那份不安或匱乏感覺的推動，因此情緒可以是我們生存和追求理想的重要推動力。

功能三：人與人之間關係的橋樑

情緒的流露和表達在人際關係中扮演一個非常重要的角色。很多人因個性而習慣喜怒不形於色，隱藏自己內心真正的感受，叫人猜不透或容易誤會，結果造成關係上的隔膜和衝突。人與人之間貴乎情感的交流，若然你做了一些叫我感到受傷害的事情，我流露或表達出來的負面情緒如憤怒、傷心等，可以叫你知道你的行為對我的影響，要是你重視這段關係便會作出適當的回應，如真誠地分享或道歉等，作為修補關係的做法。因此，情緒的表達和交流在人際關係中，特別是親密的關係，非常重要，失效的情緒表達可以造成關係上的問題甚至破壞。

情緒調適所為何事？

雖然情緒對我們有正面有益的功用，但不恰當負面痛苦的情緒的確可以造成心理上的困擾和障礙，我們需要有智慧地看待和處理這些情緒，心理學上統稱這個過程為情緒調適（Emotional regulation），這對情緒健康是非常重要的。情緒調適可以是一個不經意不自覺的過程，在潛意識中發生，不受我們主觀意識左右；但亦可以是一個非常自覺而有目的的過程，兩者何時出現和如何出現，視乎個人的心理和情緒習慣，並且關乎引發情緒反應的事情的性質和重要性，例如遇上一些打擊或挫敗，我們會自覺地採取正面自我對話安撫自己，但可能潛意識內我們是希望逃避這些痛苦失望的感覺，或儘快忘記這起不快的事情，可見我們的情緒調適過程可以是複雜和多面的。

到底情緒調適的一般目的是什麼呢？若果情緒的存在是有其獨特的價值和作用，情緒調適亦應儘量配合這些情緒的正面價值和功用，才能確保你的健康。總的來說，情緒調適最少有以下兩種基本的作用：

1. 減少負面情緒所造成對個人的心理困擾或生活上的干擾，假設我們因焦慮、抑鬱等負面情緒的影響而妨礙正常生活，包括工作、人際關係等，我們就須採取適當措施或手段調節自己的情緒經驗，儘量減少這些負面影響。

2. 適當地調節自己的情緒，為求達致有效和有益的心理狀況，讓自己的情緒可以配合與個人福祉有關的需要、期望和目標。例如當你要應付一個重要的考試時，你會希望自己能有適當的情緒狀態，如有些緊張但不要過分緊張，因後者會對你在試場上的表現產生負面影響，如何要達致這種恰當的情緒狀態，我們就需要明智的情緒調適方法。

情緒調適的時機

情緒調適的時機非常重要。不同時段的介入會帶來不同效果。**最早的介入當然是當負面情緒仍未出現前**，預先將問題處理好，那就不用面對負面情緒了，但這要視乎實際環境是否容許這樣做。**第二個介入或調適的時機是，當我們察覺到負面情緒浮現時**，我們立即採取有效行動去處理情緒，包括將注意力放轉移到適當的地方，如聚焦於情緒作深入的了解，或對引起情緒的事情轉換概念（轉念），從對自己更有益和合適的角度去理解事情，這些手法都有助減少負面情緒的影響，達致情緒調適的目的。

第三個介入情緒經驗的時機：當情緒已經明顯存在一段時間，我們已經清楚地經驗到這種情緒。我們可以選擇適當的情緒表達方式，由最直接外露的如大發雷霆或大哭一場，到最婉轉隱藏的如抑壓、轉移等都有可能。我們的選擇可能是建基於我們過去的經驗或對情緒的認知等，明智的情緒調適會考慮到哪一種表達方式對自己的主觀幸福感和實際情況最為有利和恰當，例如即使你被人無理地批評，但若果批評你的是個小器和記仇的上司，那你就要認真考慮如何表達或處理自己的負面情緒了。

最後第四個介入情緒的時機，乃在於當情緒已造成一定影響之後，你如何收拾或化解這些情緒所造成的後果。你可以接納或不接納自己的情緒，可以批評自己對情緒的處理手法，可以積極地採取行動舒緩自己的負面情緒，如做運動、鬆弛練習、與人分享心事等；也可思考將來如何面對和處理類似的情況和情緒，或追求一些修訂的目標以減低負面情緒帶來的壞影響。

情緒調適的步驟

近年心理學非常注重情緒方面的研究，特別是對腦神經系統中的情緒現象的研究已取得相當的進展。基本上我們了解大腦中不同的部位具備不同的功能，例如皮質區負責認知的活動，前額葉負責計劃、組織、統籌行動，而邊緣系統則負責情緒經驗，而各區之間都有緊密聯繫，可以互通資訊和互相影響，例如不同的認知會產生不同的情緒，或轉變想法有可能影響情緒的狀況，但這也不是必然的，因情緒也有其自身的運作系統和情緒記憶，不完全受自覺的思維所影響，因此我們常有理性思維並不能即時轉變情緒的經驗，就如明知恐懼是不必要的，就是無法叫自己停止恐懼，彷彿情緒是有它自己演變的軌迹。

綜合近年主要的情緒調適和情緒治療的理論，如情緒調適治療（Emotion regulation therapy）、情感調適訓練（Affect regulation training）、情緒導向治療（Emotion-focused therapy）、靜觀治療（Mindfulness therapy）等，我們嘗試為你勾畫出一個情緒調適的路線圖，列出清楚明確的步驟。當然，在應用上你仍須按着實際情況和需要靈活地運用，不能死板地跟從，這才能發揮最大的效益。

步驟一：覺察情緒

若要適當有效地調適情緒，首先要做的就是能夠敏銳地覺察自己情緒的出現和變化，缺乏這種自我覺察的能力，自然很難談得上情緒處理或調適。人的意識往往用於接收外界的刺激，如感官上的視覺、聽覺等，和用於思考不同的事情，如應對環境、理解、計劃、想像、回憶、分析、判斷、推理等；至於自己的心情或情緒變化，我們許多時都會忽視，除非一些刺激出現，引致較明顯的情緒反應。同時，情緒的經驗往往是複雜和多層次的，我們意識到的可能只是表面外顯的情緒，而深層和較複雜的情緒就不易被察覺。因此，覺察情緒並非這樣簡單，我們需要培養敏銳的覺察力才能充分了解自己的內在經驗。

如何可以有效地覺察自己的情緒呢？近年非常流行的「靜觀」(Mindfulness) 在這方面有非常深刻的理解，我們會在下一章深入探討。簡單來說，我們要學習採取開放、接納、包容、不批判的態度，留心自己的情緒狀況，以批判或不接納的態度對待自己的情緒，會引起內心的焦慮不安，產生逃避和抗拒自己情緒的傾向或行動，這都會成為了解覺察自己情緒的障礙。因此，我們要先用溫柔、開放的態度留心自己的情緒，才能進一步作適當的調適。

「情感調適訓練」(Affect regulation training) 提出一套覺察情緒的四部曲，非常清楚實用。這四部曲為：

1. 首先將注意力放在此刻的心情上。留意內心呈現出來最明顯強烈的情緒是什麼，不要害怕接觸這情緒，即使它可能令你感到非常不舒服或不安。

2. 辨認清楚和命名這種情緒。你會如何描述它呢？它是屬於哪種情緒呢？你可以給它一個名稱嗎？能夠清楚辨認和命名自己的情緒，是對自我了解邁進一大步，透過這過程我們就能對自己的情緒有更實在的掌握。

3. 評定這種情緒的強烈程度。到底這種情緒是輕微的？中度的？還是嚴重或強烈的呢？不同程度的情緒對我們有不同的意義，愈強烈的情緒反映現實與我們最關注或渴求的事物之間的落差愈大，是我們不能忽視的，提醒我們應採取適當行動去處理這個落差。

4. 辨認自己身體哪一些部分感受到這種情緒。情緒的產生是有其生理結構的，很多時大腦發出的信息直接產生身體反應，往往比我們的認知過程來得還要早，譬如我們在駕車時險些發生交通意外，身體即時的驚恐反應，如心跳、呼吸急促、血壓急升、肌肉繃緊等，可以出現早於我們認知上理解到發生了什麼危險。無論如何，任何情緒都會帶來身體反應，辨認出這些身體反應肯定有助我們更了解自己的內心感受。

步驟二：接納情緒

情緒調適的第二個步驟就是學習接納和包容自己的情緒，不論它是何種感受，對你來説是何等艱難。「生命自覺」(Focusing) 是一種有助深度自我探索的理論和練習，在這方面確有獨到洞見。「生命自覺」可分為四個階段，**第一個階段是「進入」**，就是把意識帶回到自己身體內，聚焦於內在的感受，這和前面提到的覺察情緒相似。**第二個階段是「接觸」**，就是嘗試與覺察到的感受和感覺建立一個溫柔而友善的關係，讓它如實地存在，但又不會被它所騎劫或淹沒。在這臨在（Presence）的過程中，我們嘗試給自己的內在感受多一點的空間和時間，不急躁、不勉強，慢慢地揣摸清楚它的底蘊。然後，我們再用溫柔接納的心陪伴自己的感受，這有助了解感受或情緒背後隱藏着什麼內心的渴求和需要，深度聆聽自己內在的聲音，這就是生命自覺的**第三個階段「深化接觸」**。**最後第四個階段是「退出」**，就是多謝自己的身體和所經歷的過程，引導自己安靜地完結這內在探索的旅程。

在整個「生命自覺」的過程中，溫柔地接納和包容自己的情緒和感受是至為關鍵的態度。不批判、不抗拒內在的真實情況，能夠如實地面對，這需要抱一個寬己的心才可以做到，有關如何寬己和對自己的慈心我們將會在下一章討論。

有一些提醒是需要的：接納和包容自己的情緒並不等於你需要喜歡或享受那些情緒；另外，我們也不一定要接受那引起負面情緒的事情或放棄改變現實的可能，有些環境是對自己不理想或有害的，我們應盡力去改變，接納包容自己情緒並不代表放棄這種努力。然而，若我們勉強自己去控制或壓抑負面情緒，後果往往只會令負面情緒更為複雜和困擾，並不能真正釋放自己。奇妙之處是當我們開始願意接納和包容自己的負面情緒時，我們的情緒反而會更易轉變，正面的情緒更易出現。這正好說明一個常見的心理現象：接納往往是改變的開始！

在接納包容情緒的過程中，我們可以說以下一番話來提醒自己：「我有這些負面情緒是可以的，這些情緒讓我知道自己的需要是什麼。我可以容忍這些負面情緒，並知道這種情況並不會是永久的。」

步驟三：分析情緒

經過上述覺察情緒和接納情緒這兩個情緒調息步驟之後，我們就可以開始較全面深入地了解情緒，作進一步的分析，這才能充分掌握自己情緒的來龍去脈。根據認知行為治療和情感調適訓練的理論，我們可以將這情緒分析過程分為十二個步驟，並用工作紙的形式來表達（圖一）：

分析情緒

出現的情緒狀態

當這個情況發生時，我有什麼生理上及主觀上的感覺？

事件

客觀的事實

分析事件

什麼使我聚焦？
我如何解釋這個情況？
我對這個情況的評價是什麼？

這種情緒是不是舊有反應模式的一部分？
我可以如何稱呼這個模式？

情緒

需要 目標 慾望 期望

為什麼這對我如此重要？

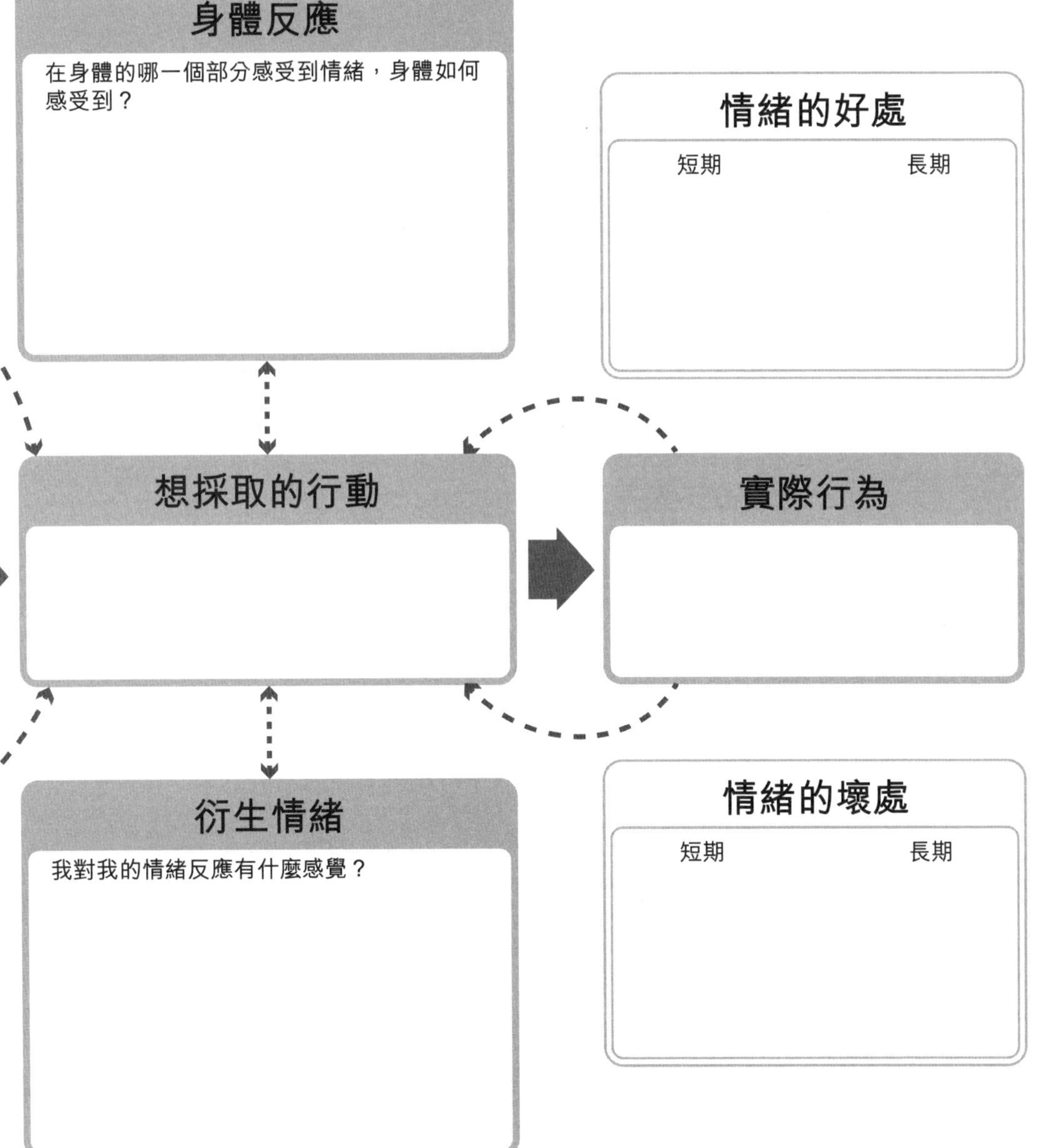
身體反應
在身體的哪一個部分感受到情緒，身體如何感受到？
情緒的好處
短期
長期
想採取的行動
實際行為
衍生情緒
我對我的情緒反應有什麼感覺？
情緒的壞處
短期
長期

第 1 步：留意情緒

留意經歷過的各種情緒，然後選一種以作分析（例如：恐懼、憤怒或焦慮）。

這種情緒是：

第 2 步：客觀事實

判斷是什麼情況引發這種情緒的出現，要基於客觀的事實，不要包含任何的意見及嘗試解釋。

真實的情況是：

第 3 步：出現的情緒狀態

回想一下你在事情發生時（例如：與老闆發生激烈的爭辯）的情緒和身體上的反應（例如：頭痛）跟你在健康及開心時有什麼不同？

出現的情緒狀態是：

第 4 步：對事情的理解

分析你對情況的觀察：

焦點：這個情況發生時，我把我的專注放在哪兒？

例如：「我留意到我的老闆的語氣像是被激怒了。」

解釋：我怎樣去解釋這件引起我注意的事情？

例如：「老闆認為我是一個很麻煩不聽話的員工。」

評價：我如何根據我對這件事情的理解去評價整體的情況？

例如：「老闆對我很有偏見，今次真是沒運行，死定了。」

注意：事件本身並沒有分好與壞，事件的意義是我們自己賦予的。

第 5 步：認清需要和目標

評估事情的重要性。

例如：「我是家中唯一的經濟支柱，這份工作對我非常重要。」

辨認與我們正在分析的情緒有關的目標。

例如：「確保家庭經濟穩定的目標正受到威脅。」

第 6 步：慣常的反應模式（如果與既有的模式無關，可以略過）
探索這是否一個固有慣常的模式（包括你的想法、情緒、和一些既有的行為）
例如：一個經常出現的想法「壞事總是發生在我身上。」
例如：「沒有人喜歡我，我是一個失敗者。」

第 7 步：身體反應
在我們身體裏的情緒（我們如何在身體內感受到情緒？）

第 8 步：辨認衍生情緒
因我們評價自己的情緒狀況而引發的情緒。
「我對我的情緒反應有什麼感覺？」（例如因焦慮而感到無助或因生氣而感到羞愧）

注意：這是十分重要的，因為這有可能阻礙我們調節初始情緒反應的能力。

第 9 步：衝動反應 / 想採取的行動
辨認我們因情緒反應的激發而想採取的行動：

第 10 步：實際行為
真正想採取的行動和實際行為：

第 11 步：情緒的好處
短期好處：
例如：「我的焦慮情緒使我更專注工作，改善與老闆的關係。」

長期好處：
例如：「我的焦慮情緒使我可以保住我的工作。」

第 12 步：情緒的壞處
短期壞處：
例如：「我的焦慮情緒令我忽略與家人的關係。」

長期壞處：
例如：「我的焦慮情緒令我討厭我的工作，也不能享受我的生活。」

步驟四：處理情緒

經過以上覺察情緒、接納情緒和分析情緒三個步驟之後，我們來到情緒調適最後的一個步驟，就是處理情緒。處理情緒和問題時，可採取的基本步驟如下：

第 1 步：用正面的心態面對問題

出問題是正常的，不用感到自責或羞愧，但我們需要正視和處理問題，之前所學的情緒技巧皆有助處理情緒問題。

第 2 步：形容及分析問題

首先要了解問題的性質、成因和持續因素，可運用上述「分析情緒」的方法來達到此目的。

第 3 步：建立目標

很多時我們花了太多時間在問題上，翻來覆去，糾纏不清，不如認清方向，為自己定立一個明確的目標，例如希望自己經驗到哪種較好的情緒狀況。

第 4 步：思考達到目標的途徑和制訂行動計劃

思索不同可能達標的途徑並制訂最佳方案。即使起初看似沒有辦法，但不要放棄，不斷思索，一定可以想到解決方法。

第 5 步：按計劃付諸行動

空有計劃並不足夠，一定要付諸實行，這需要我們拿出決心和勇氣，方可成事。

第 6 步：評估結果

計劃實行之後，我們必須評估結果，如果目標達成，那就恭喜你了！如果目標未能達到，那你可以選擇更加努力去落實計劃，嘗試達標；或者修改計劃以求達標。如果仍然失敗，那你應檢視原本的（情緒）目標是否實際可行，如果覺得這不是實際可行的話（例如負面情緒是對事情很正常的反應），可能你要轉而改變目標為「接納目前的負面情緒」（可運用之前的「接納情緒」技巧）。

第 7 步：讚賞自己的成就和努力

完成目標固然要讚賞自己，就是在過程中也應肯定自己的努力，小小的成就也值得欣賞，情緒愈是負面和困擾，愈是要欣賞自己的努力和嘗試。

健康情緒調整技巧金字搭

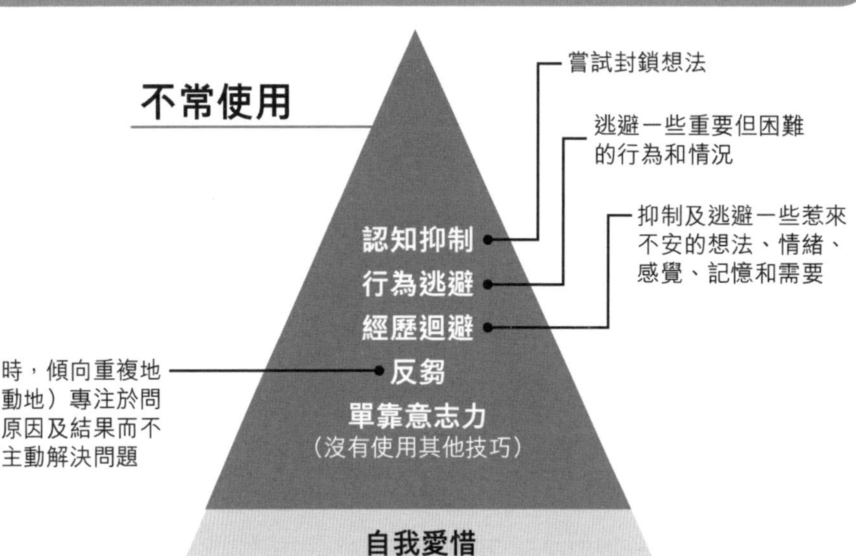

自我愛惜

經常使用

解決問題
（嘗試改變一個緊張的情況或接納這個情況的後果）

*安全堡壘
一個讓你出外探索和隨時回來的基地

*避風港
有需要時能帶來安慰

接納
（不能改變的事情及你現在的經歷）

用一些可依附的關係作為你的安全堡壘*及避風港*

心理拓展
（以騰出空間予難受的感覺及軟化難受的感覺）

生理平靜技巧

心理彈性

認知重評

根據你想要的感覺行事

靜觀

不要逃避
（即使感到難受，亦要向有價值的方向前進）

參考資料：Boyes, A. (2011). www.aliceboyes.com

情緒改變的策略

認識面對情緒問題的基本方向和步驟之後，我們可採用以下常見處理及改變情緒的具體可行策略：

一．選擇一個目標情緒 (Target emotion)

什麼是我在這個事件上或處境中希望擁有的情緒呢？這個目標情緒一定是要有可能達到的，不實際的目標情緒包括在失去親人時叫自己不用難過、見工面試時完全地放鬆等。可行的目標情緒可增強我們的動力和提供達標的可能途徑。同時，這目標情緒可以是減低現時負面情緒的強烈程度，例如由「極度緊張」轉化為「稍微緊張」，最理想的是「稍微緊張」之餘再加上一個正面情緒的目標，例如「平靜放鬆」的感覺。故此，目標情緒可以是「減少焦慮、增加平靜感覺」。

二．改變客觀環境

我可否做些事情去改變客觀環境，以致我的情緒會有所改善呢？如果可行，應儘量先去做，然後再檢視效果。

三．改善自己的身體及情緒健康

在日常生活中致力改善自己的身體及情緒健康，如注重飲食、運動、社交生活等。

四．轉變對事情的看法

可反思自己有否將事情看得過分嚴重呢？這件事可有其他的解釋嗎？怎樣看這件事會對我的心情較有幫助？

五．減低產生負面情緒的渴求、需要、目標和期望

反問自己：為何這些渴求、需要、目標和期望對我如此重要？是否真的這樣重要呢？沒有了它們我就不能好好地生存嗎？另一個方法是設立新的目標取代或平衡原本的目標，例如注重親情或友情，便可從平衡對工作成就的重視。

六．改變慣常的反應模式

我們的負面情緒會否是自己慣常的反應模式的一部分？如果是，可嘗試建立新的、較有用的反應模式，例如由「緊張大師」型轉變為「處變不驚」型，可對自己說：「沒有什麼大不了的，我可以應付，總會過去的。」

七．改善身體的反應

例如用鬆弛練習來減少緊張的身體反應，讓身體可以平靜放鬆。

八．改變衍生情緒

我們可以改變自己對原本的負面情緒的想法和態度，例如由抗拒或自責變成接納和包容。我們甚至可以從正面的角度去了解原初負面情緒的功

用，例如焦慮可以提醒我們去採取積極行動以解決問題；又或可以多謝自己的負面情緒，嘗試與它做朋友。

九．思考適當的回應和行動

了解自己因情緒而產生的衝動反應後，可尋找恰當的實際反應和行動。我們可考慮以下策略：

* **正面積極回應負面情緒的信號**：例如因焦慮而採取行動去解決問題，以避免所害怕的事情真的發生。

* **逆向行為**：認清負面情緒想我們去做的負面、有害而無益的行為，然後做出相反的行動，例如焦慮叫我想逃避工作，但我則選擇繼續工作，即使仍覺焦慮。

* **轉移注意力**：做一些愉快的事情轉移對負面情緒或事情的關注，但這並不表示逃避，只是不讓自己的思緒困於負面情緒之中，內心仍然願意接受和面對這些負面情緒。

我們可於以上每個步驟中先找出不同的可能選擇，然後才決定哪一個最恰當和可行，再付諸實行。計劃成功與否在乎目標情緒有否達成，如果達成的話，恭喜自己、讚賞自己；如果沒有達成，不用氣餒，更不要放棄！你可考慮讚賞自己的努力，再努力嘗試達標；或改變計劃、嘗試其他方法，例如改變目標情緒（例如接納自己的負面情緒）。

第三章

培養健康情緒

- 靜觀生活練習
- 仁慈關愛修習
- 反思你的價值觀

在第二章我們探討情緒調適之道，列舉出幾個驗證為有效的情緒調適步驟，然而，若要充分掌握和發揮這些步驟，你仍須了解培養健康情緒所需的三個重要條件，掌握這三個條件才可以更有效地學習上一章所列舉的情緒調適之道，現試分述如下：

一、靜觀生活態度

第一個培養健康情緒的條件就是學習靜觀。靜觀（Mindfulness）近年迅速成為一個心理健康和心理治療的主流，改變了整個心理治療界的視野和焦點，最有趣的是這個有效的心理健康和治療方法乃源自東方的哲學和思想，經由西方心理治療的發現和擴展而成。研究顯示，學習和懂得靜觀的人的情緒調適較佳，較少焦慮和憂鬱的情緒，較多正面愉快的情緒。靜觀是一套對待自己內心經驗的態度和方法，又可以是一套生活的哲學。我們的情緒困擾許多時都是由於過分注重或糾纏於自己負面的感受和想法之中，思緒總是不斷重複，揮之不去，造成惡性循環。練習靜觀有望打破這個循環，為自己製造更多的心靈空間，不被自己思想的枷鎖束縛。如果你想改善情緒健康，可學習靜觀的方法，必能達到理想的效果。

到底靜觀有什麼特別？它如何可改善我們的情緒健康呢？靜觀的創立人Jon Kabat-Zinn（2003）對靜觀所下的定義為：「有意識地專注於當下，以不批判的態度面對每時每刻的經驗。」簡單來說，靜觀就是能夠覺察自己此時此刻的思想、情緒、身體感覺和行動，但不對自我或自己的經驗作任何批評或判斷。這種靜觀對待自己經驗的態度和做法，需要培養和學習，當中包括以下四個重點：

1. 覺察

你有多留心或覺察自己此刻的經驗呢？你留意到自己此刻的感官經驗、感受、思想、情緒、慾望、衝動、身體狀況、行動等嗎？由於我們的專注力是有限度的，而主觀經驗卻極為豐富而複雜，單談情緒你就可以同時經歷幾種不同的情緒，如因升職而高興，但同時又擔憂之後的適應和壓力，並害怕同事的妒忌等。所以，我們很難清楚覺察自己所有的經驗，結果造成情緒調適上的障礙。另一方面，我們日常的意識多處一種「自動導航」（auto-pilot）的狀態，這是一種經濟模式，叫自己不用太費神，但也因此而大大減低自我覺察的能力，很多例子可以說明這種自我導航的狀況，例如你乘車時忘記車輛經過的地方；與人交談中忽然發覺沒有留心對方說話的內容；或忘記了剛才將東西放在哪裏等。在這模式中我們可說是心不在焉，沒有專注於當下，自然不能有所覺察。靜觀的精神就是離開這「自動導航」的模式，專注當下，覺察自己經驗，這可對自我有更深的了解和更理想的情緒調適。

2. 不批判和接納

靜觀第二個主要的特點，就是儘量對自己所有的經驗都抱接納包容不批判的態度，這點對情緒容易困擾的人特別重要，因為情緒經驗是有其必要性和功用的，即使是所謂「負面情緒」。我們若想批評、控制或逃避自己的情緒，往往會引來衍生情緒，例如因面對工作壓力而感到焦慮，這是初始情緒，但若你不接受自己的焦慮情緒，心裏覺得自己不應如此無用，可能會產生內疚，這讓自己產生痛苦的衍生情緒，全因你抱着批判的眼光看待自己的初始情緒經驗。所以，只要我們學習儘量接納自己所有的主觀經驗，包括情緒、思想、身體反應等，抱包容諒解的態度對待自己，我們就較少機會出現叫人困擾的衍生情緒，情緒調適也較易實行。

3. 抽離和脱鈎思想

情緒困擾的一個主要特徵，就是當事人很多時會不斷重複思考困擾自己或想不通的事情，在腦袋中不斷盤旋，不受自己控制，思緒揮之不去，造成極大的痛苦。相信你也一定有過類似的經驗，遇到困難和逆境時會不停地反復思考有關的事情，當中很可能包含恐懼、害怕、憤怒、怨恨、後悔、自責、內疚等心情和思想，甚至造成失眠、精神恍惚、鑽牛角尖等問題。可惜，許多時我們都只會不斷想用頭腦幫自己解決煩惱，結果泥足深陷，就像一個跌入洞穴的人想用身邊的鏟子將泥土鬆開，讓自己可以爬出洞穴一樣。用錯方法只會叫自己愈用力掙扎就愈被綁緊，靜觀能夠讓你看見自己的思想就只是思想而已，不是客觀事實，而思想是有其故事性的，很易受個人的過去經驗和信念所影響，因而看不清真相和失去較廣闊的視野。因此，我們需要與這些纏繞的思想脱鈎，視它們如天上的浮雲，自來自去，不用過分執著，就像脱下灰色眼鏡一般，才能夠看清楚這個彩色的世界。

4. 活在當下

靜觀最後一個特點，就是專注於此時此刻的經驗。為何這種態度這樣重要呢？情緒困擾的朋友往往對眼前的事物視而不見，聽而不聞，心不在焉，全因花太多時間沉溺於自己的煩惱之中，腦袋不是回憶過去不愉快不幸的事情，感到懊悔、憤怒、內疚；就是不斷擔心將來可能發生叫人痛苦的事情，感到擔憂、焦慮、恐懼。這樣的話，又怎可能留意到此時此刻呢？靜觀可讓我們脱離頭腦上過分的思慮，轉而專注當下的經驗，通常由感官的經驗開始，嘗試仔細地看、留心去聽，甚至運用味覺、嗅覺、觸覺去體驗一下周圍，細味當下經驗，就能更有層次地感受到當下所帶來真實的感覺，而且往往有出人意外的驚喜。你會忽然發現這個世界變得立體豐富很多，並非單調和枯燥，全因你已擁有更敏鋭的「接收器」，這就是活在當下的妙處。

自助練習

靜觀練習

首先找一個安靜的地方，坐下或躺下，然後專注你的下腹，留意自己的呼吸，如果呼吸是淺就是淺，如果是深就是深，留意着自己的一呼一吸就可以了。一吸一呼，再吸再呼，將你的專注放在你的呼吸上（停頓20秒）。你可能會發覺自己會分了心，或者會有其他的想法出現，這是個很好的觀察。不用怪責自己，只要將專注重新放回你的呼吸上面就可以了。又或者你會有很多不同的感受，例如忟憎、憂慮、擔心自己做得不夠好等，但你只要明白和辨認自己的情緒就可以，然後重新專注於呼吸上面（停頓2分鐘）。

現在將專注和呼吸擴展到你的感官上面，例如你的雙手可能會覺得好溫暖，肩膊有些拉緊，只要觀察這些感覺就可以，不需要評價它們（停頓15秒）。現在留意一下你周圍的聲音，你的前面、後面、左邊、右邊有沒有聽到些什麼聲音？（停頓5秒）你又有沒有聞到些什麼呢？嘗試專注你的嗅覺上面。

現在將你的專注放於你的情緒，你這一刻有沒有什麼情緒？開心？不開心？焦慮？擔心？不安？有沒有很強烈的感覺？嘗試辨認這些感覺，不需要批評它們，留意一下它們的強烈程度，是0分還是10分？假如你現在覺得焦慮情緒的強烈程度是8分，你感覺到自己有什麼身體反應呢？嘗試感受辨認一下現在這一刻不同的情緒，向它們打個招呼，這就可以了。不用刻意去做些什麼，就讓這些感覺自然的來，自然的去，像天上的浮雲一般，在你頭上飄過。

二、慈心對待自己

第二個培養健康情緒的條件，就是學習以慈心待己。

情緒困擾最常見的原因之一，就是內心有太多自我批評和自責的聲音。無論在工作、人際關係、時間管理，甚至興趣方面，我們慣於對自己抱太嚴苛的要求和標準，恍如在內心深處隱藏着一雙對自己虎視眈眈的眼睛，隨時準備對自己作出嚴厲的批評，與自我為敵。這些過分自我批評的聲音會衍生如內疚、羞愧、對自己生氣等負面情緒。因此，我們若想有健康的情緒，就要學習用慈心（Compassion）對待自己，這才可減少這些嚴厲的自我批評。

我們要學習抱寬己之心，這種寬己並非代表縱容或放縱自己，破壞道德的底線，而是用體諒的心情去對待自己的限制和難處。這種體諒乃基於對人性和現實的限制的理解，包括以下幾點：

1. 我們的負面情緒是因應現實的必然結果，可說是無可避免的，若妄想快樂人生代表完全沒有痛苦，那是癡人夢話而已，不設實際。我們應用慈悲憐憫的眼光去看待自己的負面情緒經驗。況且，這些負面情緒實在有它們的正面功用，是提醒和推動我們檢視自己與現實的關係，作出適當的行動來回應，這是生存必須具備的條件。

2. 另一個我們應該體諒自己的限制的原因，是與我們的成長經驗有關。當我們還是孩童時，我們會很在意父母或其他大人對我們的看法，因我們需要他們的關愛和照顧，這是理所當然的，只有與他們建立起親密的關係，我們對情感的需要和渴求才能得到滿足，而對父母的重視漸漸內化成為自我要求和期望，當未能達標時就會產生自責、內疚或羞恥等情緒問題。由於許多時「望子成龍」乃大多數父母的心態，我們自然在心中訂下極為嚴謹的尺度，叫自己透不過氣來。由於我們自小就習慣了這種心態，所以長大後也不容易察覺有何不妥，只會奉為金科玉律，為自己造成極大的壓力，墮入情緒的網羅之中。

在培養慈心方面，近年在心理治療界崛起的慈悲焦點治療（Compassion-focused therapy），為我們提供非常全面有效的理論架構和實踐途徑。這個治療的創立人保羅吉烈伯特（Paul Gilbert）認為，人類有三大心理動力系統，是決定我們情緒的主要因素，現分述如下：

1. 威脅與安全系統 (Threat and safety system)

人類生存的基本條件是避開危險和保障安全，因此我們的大腦對威脅和危險特別敏感，不會放過任何的風吹草動，產生的情緒包括焦慮、緊張、憤怒、厭惡等，會促使我們出現逃避、攻擊、僵直、降服等行為和相關的自我保護信念，如「安全至上」、「不要冒險」等。由於這個威脅系統的必要性，我們每個人都易落入焦慮、恐懼等負面情緒之中，了解這點可幫助我們多接納和包容自己這方面的情緒，待以慈心。

2. 追求與獎賞系統 (Drive and reward system)

這個系統關乎我們對歡樂和獎賞的追求，吸引我們定下目標，致力於事業、關係、興趣等各方面的發展，以獲取成就和獎賞。在這個系統的驅動下，我們感受到生命的刺激和興奮，可產生許多如歡樂、投入、興奮、刺激、自豪、滿意等正面情緒。然而，這個系統也可成為我們產生自責、內疚、羞恥等負面情緒的源頭，因為當現實中未能達到目標時，我們就會氣餒和產生挫敗感，從而內疚和自我批判。再者，現代社會的競爭愈來愈白熱化，所謂「不成功便成仁」，成就成為人生意義和滿足的重要指標，在這個孩子要贏在起跑線的世代中，我們真的需要培養更大的慈心來待己待人，才能找到較平衡和健康的心理。

「威脅和安全系統」和「追求與獎賞系統」之間有着複雜多變的關係，

我們被驅使去追求名譽、地位、金錢和成就，背後的動機可能是為了保障自己的安全免受威脅，或自尊免受傷害。我們為避免被人看低或攻擊，於是用許多外在的東西來自我保護，但這並不保證我們可以成功，而當中要付出的代價也是高昂的。「威脅和安全系統」失效會引發焦慮或恐慌情緒，甚至是焦慮症；而「追求與獎賞系統」的失效則可以帶來沮喪、自卑，甚至是抑鬱症。

3. 滿足與聯繫系統 (Contentment and affiliation system)

最後一個推動情緒的心理動力系統也是與慈心有直接關係的。當我們不覺得安全受到威脅，也不用努力追求獎賞，同時感到平靜、安穩和滿足時，我們就是處於這個心理系統之中，不用心慌慌感到害怕，也不用營營役役地追求。這種安穩的情感源自童年時與至親（通常為父母）親密的關係與連繫，例如當孩童感到不安或恐懼時，父母的安撫可帶來情緒上的舒緩和安全感，將自己帶回這個「滿足與聯繫系統」之中。而當我們漸漸長大時，我們便能將父母這種安撫的能力內化，變成一種自我安撫（Self-soothing）的能力，這種能力是建立這個心理系統的關鍵。

腦神經科學支持這三個心理動力系統的運作。「威脅和安全系統」主要涉及大腦中情緒中心的警報系統，是由大腦的杏仁核（Amgydala）主導的。「追求與獎賞系統」則主要令我們大腦釋放安多酚（Endorphin），這是與我們的獎賞和快樂有直接關聯的腦神經傳遞物質。至於與慈心有連繫的「滿足與聯繫系統」，當中涉及腦神經細胞所分泌的激素催產素（Oxytocin）

和麻醉劑（Opiate），它們主要是引發信任、聯繫、安穩感覺的，這在關係的聯繫上非常重要，也可直接減少杏仁核對威脅的過敏反應，可發揮一種社會性安全網的功能。

總的來說，過度活躍的威脅系統和追求系統是造成許多人擁有強烈羞恥感和自我批判心態的源頭，這些人很難在關係中獲得平靜安穩的感覺，他們的安撫和滿足系統動力不足；當中有很多可能成因，最常見的是在童年時，他們的父母帶給他們威嚇或冷漠多於安慰，於是他們發展出焦慮或逃避的依戀關係（Attachment relationships），大大增加羞恥和過度自我批判的機會。

慈心是系統的鑰匙

由此可見，增強和發展「滿足與聯繫系統」這第三個心理動力系統，是改善情緒健康的關鍵，而培養慈心（Compassion）則是發展這個系統的鑰匙。

以研究慈心出名的心理學家克斯汀尼夫（Kristin Neff）對慈心的解讀非常清晰，她指出若要學習對自己慈心，可先想像一下如何面對一個正在苦難中的朋友。首先，我們要承認他正在痛苦之中；然後我們要感受他的痛苦並願意帶着關懷、憐憫的態度去回應（Compassion 這個字原本的意思就是「一同受苦」），為要減輕他的痛苦。慈心的意思也包含對別人的失敗或過錯表示明白和諒解，而非嚴厲地批評。最後，慈心是指我們認同受苦、失敗和遺憾是人類這個大家庭共同的經驗，無人可以避免。

有了以上的慈心，我們就可以用同樣的態度對待自己的痛苦、失敗和遺憾。與其對自我作出嚴厲的指責和批評，我們以慈心來諒解和面對自己的痛苦和失敗，承認和尊重自己的人性和限制，現實不會永遠按我們的心意而成，我們會失去、失敗，遇到挫折，夢想幻滅，這是人生的一部分，所有人都不能避免。

因此，對自己慈心包括三個重點：

1. 對自己慈悲而非批判 (Self-kindness vs. self-judgment)

學習以溫柔的心看待自己的限制和不足，明白失敗和遺憾是無可避免的，不用氣憤或過分自責，我們總不能得到所有我們想要的；否認現實只會為自己製造更多的壓力、痛苦和挫敗感，唯有用慈心對待自己才能達致情緒上的平和狀態。

2. 認同人類共同的處境而非孤立 (Common humanity vs. isolation)

失敗容易叫人感到孤立，自憐地認為自己是唯一的不幸者，然而這絕非真相。事實上，所有人都難免受苦，人生總有脆弱和不完美的一面，我們要願意接受而非逃避。

3. 學習靜觀而非妄念 (Mindfulness vs. over-identification)

要對自己慈心就須採取靜觀的態度來對待自己的情緒經驗，不作否定或逃避，也不渲染和誇大。因此，我們可以將自己放在更高更大的框架之中來看待自己的內在經驗，包括思想和情緒，用非批判、接納、包容、開放、專注的心看待。不過分認同和糾纏於這些經驗之中，這樣我們才可自由地用慈心來看待自己的痛苦和失敗。

自助練習

仁慈關愛修習 (Loving-Kindness Meditation)

請預留20分鐘給自己一些仁愛的關注。以一個舒適的坐姿，微微坐直但依然感覺放鬆。合上雙眼並將注意力放在你胸口附近的位置。現在由衷地慢慢深呼吸三下。在腦海中形成一個自己坐下來的影像。留意你的坐姿，就好像你從外面看到自己一樣。感受一下坐在椅上的身體感覺。試想想世界上每一個生命都有希望平安和快樂地生活的願望，並嘗試和這個深層而基本的願望連繫起來。

「就與世上每個生命一樣，我同樣希望擁有快樂和不受苦難所困。」讓自己感受一下這種關愛自己的暖意。現在，繼續想着自己坐下來的影像，心裏懷着祝福自己的意念，並輕輕重複以下短句：

願我感覺安全

願我感到快樂

願我身體健康

願我自在地生活

讓每一句說出來時都帶着該句的意思。如果有需要，重複說出同一句子直至你能夠清楚感受到它的意思。你亦可以只重複主要的詞語，如「安全、安全、安全」，幫助你感受當中的意思。 用你認為合適的速度慢慢繼續。

用你內心的眼睛，想像自己坐下來的影像，欣賞一下自己關愛的心，和細味一下那些字句的意思。當你留意到自己分了心，再重複說出這些字句。如果感到那些字句意思不明，重新想像自己在坐椅上，並再次對自己說那些字句。如果你自己的影像和那些字句都同樣變得模糊，將你的手放在心口位置，並提醒自己想為自己帶來關愛的意願，「就與世上每個生命一樣，我同樣希望擁有快樂和不受苦難所困。」然後再回到那些字句上。每次你感到迷茫，都帶自己回到字句上。

容許自己自在地做這個練習，不用逼自己太緊，仁慈關愛是世界上最自然的事。分心是會不時出現的，每次當你發現自己分了心，不用執著，只要帶自己回到那些字句上就可以了。當你的注意力遊走了，就重新給自己一些關愛。和自己一起就好像和一個感到不適的好朋友並肩而坐，即使你不能治愈他的病，但你可以給他所需要的愛護和關心。

現在可以慢慢張開你的眼睛。

參考資料：Germer, C. K. (2009). *The mindful path to self-compassion*. NY: The Guilford Press.

三、過有價值的生活

第三個也是最後一個培養健康情緒的條件，就是確立和實踐自己的價值觀，過一個有意義的生活。這個影響情緒健康的心理條件由近年對促進情緒健康有極大貢獻的接納與承諾治療（Acceptance and commitment therapy）提出。接納與承諾治療的創立人史蒂文海耶斯（Steven Hayes）認為，我們若想過一個健康快樂的人生，就不能過分執著於自己的偏見，也不必糾纏於情緒困擾之中，只要認清自己的價值觀和人生意義，努力按着這些價值和意義而活，健康的情緒便會自然產生。

要活出這樣一個以價值為本（Value-based）的人生，就必須了解自己在人生中所重視的為何，不清楚自己真正重視的是什麼的人，就如大海中失去方向飄浮的小舟，容易隨波逐流，迷失自我，情緒也必因缺乏核心信念而波動，就像大海中沒有舵的船一般。

現代社會提倡效率、功利和享樂主義，不利我們深思人生的真義和方向，不少人自小都就沒有機會確立自己的人生信念和價值觀，不知生存的意義為何，只好跟隨社會的潮流和風氣，追求名利。但在這追逐的遊戲背後卻是一顆顆空洞無物的心靈，這樣的心理素質又如何可以穩妥地承受人生的風浪呢？結果情緒難免易受衝擊和波動。要是若想擁有健康的情緒，很重要的一個條件便是先要具備清晰的人生信念和價值觀。

接納與承諾治療指出，若想認清自己的價值觀，可認真思考以下的核心問題：

- **在我的人生中我最重視的是什麼？**
- **我想過一個怎樣的人生？**
- **我想自己成為一個怎樣的人？**

這種價值取向為本的心理對情緒健康的確重要，就如在大海中航行時船的舵的作用一樣，為船的航道確立方向；又如羅盤中的指南針，為我們指示方向，以致不會迷途。當你聚焦於自己的人生方向和努力實踐自己價值為本的目標時，積極正面的心態和情緒會自然產生，而你亦會較易放下糾纏你的負面情緒和思想；即或不能，也較易接受這些負面經驗，並專注於實踐自己想過的生活，這總比在自己的頭腦中不斷重複這些負面經驗好得多！

Dr. J. Aked（2008）是一位研究正向心理的心理學家，她的研究指出六種可以產生滿足感和幸福感的價值活動，包括：

1. **與人建立聯繫**：這是我們的基本需要，孤獨的人生不會帶來快樂，我們的滿足大多來自親密有意義的關係。

2. **付出和對人有所貢獻**：施比受更為有福！這是恆久不變的道理，當付出和作出貢獻時，我們的大腦會分泌出叫自己感到快樂的生化物質，非常奇妙！

3. **積極參與**：研究指出積極參與活動的人身心都較健康，較多正面情緒，較少負面思想和情緒，也與人有較健康的聯繫。

4. **活在當下**：專注並細味當下的經驗，你會發現好多以往忽略了的感覺，可減少糾纏於自己的思緒之中，自然不會沉溺於對過去的執著和對未來的恐懼。

5. **學習和挑戰自己**：沒有挑戰的人生是平淡和空洞的，例如研究顯示無業對精神健康的威脅極大。當你不斷學習和挑戰自己時，你會調動內心許多積極元素和發揮自我潛能，生活自然變得充實有價值。

6. **關愛自己**：這是指生活中各方面的自我照顧，包括健康飲食、運動、休息、餘暇、興趣等，照顧好自己的人自然較多愉快正面的情緒。

有一點值得一提：過一個按自己信念和價值而活的人生，重點不在乎是否能達成自己的目標，許多時不達標也不表示你的人生是失敗的。人生恍如馬拉松長跑，重點是要參與和堅持，而非一定要奪標。每天都進步多一些，委身於自己的信念，努力實踐自己的人生目標，這就是投入充實而有意義的人生，對自己的情緒健康有莫大的裨益。

曾經讀過這樣一個故事：一位母親在假日帶着兩個孩子乘火車去郊區的動物園遊玩。兩個兒子都極度興奮，但哥哥個性比較急躁，不停嚷着為何還未到達目的地，非常心急地期望着；而弟弟則全程在火車上享受這個旅程，一時看看沿途的風景，一時吃些自備的零食，悠然自得。最終火車到達目的地，可惜那天動物園因緊急維修而暫停開放。兩個小孩的情緒反應大相逕庭，哥哥極度失望和氣憤，不能接受事實，不受安慰，大哭大鬧；而弟弟則無奈地接受事實，但自我安慰地說：「起碼我們乘了火車，不看動物園也可享受郊區的風景。」明顯地，兩個小孩因價值取向和目標不同，作出不同的情緒反應，構成不同的人生經驗，可見價值取向和人生信念的重要。

還有一個提醒：確立自己的價值觀並過一個以價值為本的生活，並非這樣簡單，因很多時我們對事情的看法和反應其實很受別人的影響，不一定是自己本身的價值取向，尤其是童年時父母的影響和現今社會的風氣。例如你一直認為追求成就和成功是你的核心價值，只有這樣才可帶給你滿足和快樂；但原來這個信念源自父母望子成龍的期望，潛意識中你只是希望滿足他們，以博取他們的認同和讚賞，這並非你真正最想做的事情，但一直你都以為這就是你的價值取向。因此，若要認清自己真實的價值觀，必須從心底裏尋索什麼是真正叫自己滿足和快樂，或對自己真正有意義和價值的事情，然後堅持過一個以自己的價值觀和人生觀為依歸的生活。

結語

這章為你提供三個培養健康情緒的方法──靜觀生活態度、以慈心待自己和過有價值的生活──彼此是互相關連、相輔相成的，同步修練的效果最為理想。靜觀是自覺和衍生智慧的基本功，就像內功心法，缺少了的話很難到達進深的境界。靜觀強調不批判、包容和接納的態度，其實也是培養慈心的起步點。對自己待以慈心是健康情緒的基石，憎恨討厭自己的人很難擁有健康的情緒，這是最明顯不過的道理；而培養慈心則有賴從心底而發的慈悲和憐憫，無論是對己或對人都是一樣。最後，生活是離不開抉擇和行動的，而我們的行動最好是建基於自己內心真實的價值和信念，只有以價值為本的人生才不會白過，才稱得上精彩有意義的人生，這也是健康情緒的重要基石。

自助練習

願意委身實踐自己的價值觀練習

以下問題很值得你用一些時間去反思和作答，有助你選擇過一個以價值為本的生活：

1.你希望在自己的生活中實踐出什麼的價值？

註明：（價值就像指南針，為生活提供方向，但不表示你一定會達標）

2.現在按你所選取的價值訂立一個相關的目標，以致你知道自己可採取什麼行動：

3.現在選取一個具體行動來實踐以上目標：

4.你心中有什麼思想或感覺可能阻礙你達成這個目標？

負面的情緒或感覺：

負面的信念或判斷：

記住：這些內裏的「東西」只是妨礙你達標的聲音，你不一定要理會它們，你可帶着這些噪音去實踐追求目標的行動，而不受阻嚇，這是絕對可能的！

5.你是否願意承受因你的行動而產生的任何思想和情緒呢？若你願意的話，你可以開始實踐目標的追求；若不願意的話，你可選擇另一個價值然後重複以上的步驟。

參考資料：Ciarrochi et al., (2008). *A CBT practitioner's guide to ACT*. Oakland: New Harbinger Publications, Inc.

技巧訓練篇

第四章

應付現實：

牽動情緒的關鍵

- 自我評估
- 應付問題的十二種策略

我們對現實環境的評估和應付策略跟情緒有莫大關係。

我們的情緒往往由現實環境（特別是一些挑戰或問題）所牽動的。在心理學上，我們稱個人對現實的適應和處理機制為「應付」（Coping）。

無可否認，問題和困難是生活中無可避免的部分。我們在成長中經歷了各類大小的轉變，要面對不同的要求和期望，我們要不停適應環境、處理問題，故此我們應積極應付現實，克服困難，創造理想的生活。當遇到困難時，不善於處理問題的人容易感到驚慌、恐懼、挫敗和氣餒。他們處理問題的手法（例如逃避、否認甚或推卸問題）往往不能解決問題，反而會令問題愈鬧愈大。因此，處理問題和應付策略（Coping strategies）是影響情緒健康的關鍵之一。

現實與主觀評估

我們經常說現代人的生活壓力很大，其實應付問題的表現與壓力有極大關係（見圖一）。著名心理學家拉茲勒斯（R. S. Lazarus）指出：當我們遇到一些「生活事件」時，我們會對事件先作「初次評估」（又叫「問題評估」，Primary Appraisal），衡量事件潛在的危險性及威脅性。事件本身可被認為正面、中性或負面。假如事件被判定是負面或潛在負面影響，我們會進一步分析事件的意義，即事情到底是傷害性的、構成威脅的或富有挑戰性的。假若評估的結果是正面或中性的話，我們的情緒就不會出現問題。

若果事情被我們定為傷害性或威脅性的話，我們就會容易感到壓力和出現負面情緒（例如焦慮、不安等）。當我們把問題定為威脅或困難時，隨即進行「第二次評估」（又叫「自我評估」，Secondary Appraisal）。我們會撫心自問有沒有辦法解決問題，把威脅消除。

初次評估和第二次評估，與壓力和情緒反應都有極密切的關係。若果我們覺得自己有能力或方法應付問題，我們的壓力自然會減輕。若果我們沒有信心或方法解決問題，壓力自然大增，負面情緒也會出現。假若我們應付問題的「對策」奏效，問題獲得解決，壓力就消失。相反，若「對策」失效，壓力會上升，我們就要重新評估，尋找新的「對策」了。

圖一：面對問題時的主觀評估

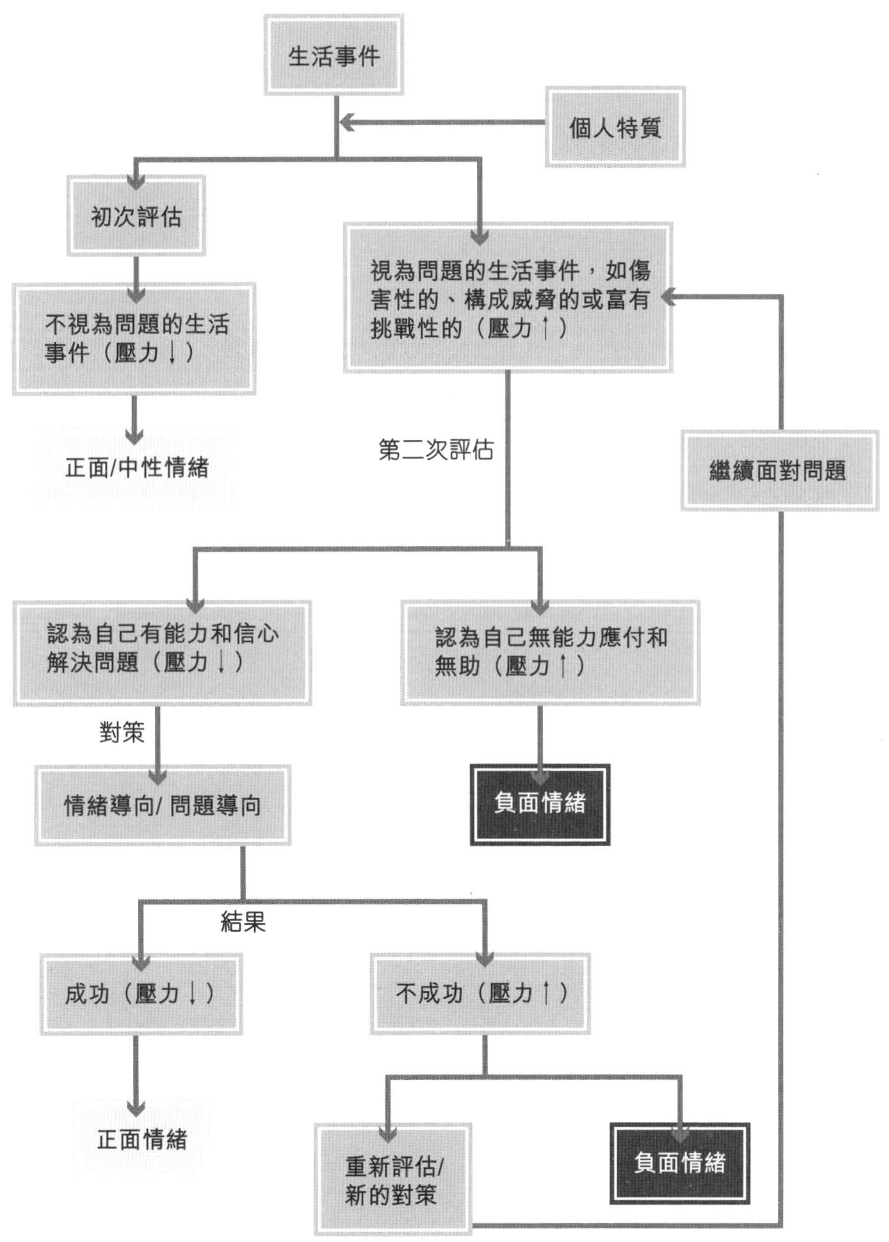

初次評估：問題評估

心理學家克藍克（Kleinke）用以下的情境闡述面對問題時的主觀評估：假如有天你的老闆「黑口黑面」叫你翌日一早到他的辦公室見他，你會怎樣對現實作出初次評估呢？

你的初次評估至少有三種可能：

可能 1.「驚鳥」式：「今次慘了，我可能做錯些什麼，明天一定被老闆痛罵一頓，甚至可能被『炒魷魚』，總之今次大禍臨頭了。」

可能 2.「智者」式：「老闆最近心情似乎很差，他的面口很難看。語氣重一點也不表示些什麼，我不必杞人憂天，但也稍要作防備，先檢討一下自己手上的工作有沒有疏忽的地方，以防明天真的被老闆殺個措手不及。」

可能 3.「鴕鳥」式：「老闆對我一向都是這樣的，這是他的問題，不是我的問題，我不須理會他，當沒有事發生就可以了。」

你認為哪種評估最合理和有用呢？為什麼？

顯而易見，「驚鳥」式帶來的心理壓力最大，因為判定事件很嚴重，作了最壞的打算。很多時我們會這樣評估，但可能是杞人憂天，事情未必如想像中的嚴重。「鴕鳥」式認為沒有任何威脅，即時承受的壓力最小，但這可能是自欺欺人，將來可能要付出慘痛的代價。

「智者」式的評估較為客觀、全面和實際，一方面叫自己不要做「緊張大師」，另一方面亦不會掉以輕心，做足應變措施。當然，即時的心理壓力是存在的，但長遠來說，問題可以減到最少，壓力和情緒自然得到最好的平衡。

面對生活事件，你通常會作些什麼的初次評估或問題評估？很多時我們會不自覺地做了這種思考評估，而這種對現實的評估就是引起情緒的主因。所以，我們必須多了解自己面對生活事件時所作的問題評估，看看有沒有特定的模式，例如會否經常做「驚鳥」或是「鴕鳥」呢？

第二次評估：自我評估

自助練習

你對事情的即時評估通常有下列哪些特徵？

- 杞人憂天。
- 看看危險是否存在。
- 作最壞的打算。
- 聯想到以往不愉快的經驗。
- 以為大禍臨頭。
- 沒有什麼值得緊張的。
- 沒事的。
- 有問題嗎？不覺得呀。
- 客觀而全面，沒有失實的想法。

第二次評估又叫「自我評估」，主要是檢視自己的能力和信心，看看自己能否應付問題、採用怎樣的應付措施。從上文的例子中，如果你認為老闆對你「開刀」，而你又無力反抗，那麼自我評估的結果就會十分負面和消極了。假如你認為可以預先做好「應變措施」，如檢討自己的工作，那麼你的自我評估就會較為自信、正面和積極。

其實，我們慣常作出怎樣的自我評估牽涉自信心、自控能力和應付問題能力。有自信又懂得掌控環境的人，自我評估通常較正面。但這種自信和掌控能力並非天生，乃是後天的經驗和努力累積而成的。

自助練習

你遇到問題時通常會怎樣自我評估呢？你會有下列哪些想法和反應？

- 冷靜思想解決問題的方法。
- 相信事情總可以解決。
- 相信自己可以應付過來。
- 不斷努力尋求解決方法。
- 客觀分析形勢，周密部署。
- 憂心忡忡，生怕問題解決不來。
- 懷疑自己的能力。
- 想像自己毫無反抗能力，坐以待斃。
- 認為形勢比自己強，自己無力改變環境。

問題導向與情緒導向

著名心理學家拉茲勒斯認為，應付問題具備兩個不同的焦點：問題導向（Problem-focused）和情緒導向（Emotion-focused）。

以問題導向的應付方法（Problem-focused Coping），是指我們將焦點放在發掘問題所在，繼而尋找可行的解決方法。問題導向又可分為外求和內求兩種策略。外求策略是指改變外在環境；內求策略是指改變自己的心態、目標、需求、思想和行為，以求達到解決問題的目的。

以情緒導向的應付方法（Emotion-focused Coping），是指我們面對問題時儘量調控自己情緒的行為。情緒導向又可細分為情緒逃避（Emotional Avoidance）和情緒策略（Emotional Approach）兩種。後者的例子包括表達自己感受和尋求別人情緒上的支援，這些措施都可以減少負面情緒的壞影響。

到底遇到困難時，我們應該採取問題導向抑或情緒導向呢？簡單來說，如果覺得自己可以應付過來，就應該較多採用問題導向的應付方法。若果問題或困難是超乎控制範圍時，則應多依賴情緒導向的應付方法了。採取兩者合併的對策，即一方面積極尋求解決問題的方法，另一方面儘量保持情緒上的穩定和健康，效果可能最佳。

總括來說，切合現實的初次評估非常重要，我們不想庸人自擾，也不能忽視真正的問題。第二次評估或自我評估必須能切實地找出解決問題的方法，對自己保持信心和掌握環境的感覺。有時，我們可能要靈活變通，嘗試尋找不同的「應變措施」，能夠克服困難當然最好，但有時也要承認，環境可能在我們的控制範圍以外，接受現實可能是最佳的應付方法。當然，以正面的態度還是負面的態度去接受現實，對情緒也有不同的影響。總之，因時制宜是應付問題的最基本、最重要的態度。

自助練習

最近你遇到什麼生活壓力事件呢？你採用了怎樣的應付方法？它們屬於哪種導向？

應付問題的十二種策略

遇到問題時，經過初次評估和第二次評估後，我們便會採取相應的策略去應付。心理學家克藍克指出：當我們面對困難時，我們都有一些慣常用來克服困難的方法，他稱為應對措施。這些措施曾經帶來成功解決問題的經驗；又或礙於能力和知識所限，我們重複使用這些措施。下頁圖二顯示一般人最常用的十二種應對措施，你可嘗試找出自己常用的措施，分析每項措施的優點和缺點。

圖二：常用的十二種應對措施

應對措施	例子	你常用這策略嗎？絕少 0	間中 1	經常 2
1. 主動解決問題	努力嘗試克服困難	○	○	○
2. 按兵不動	靜觀其變，等待適當的時機才行動	○	○	○
3. 為實際理由尋求支援	從別人的經驗中得到建議和啟示	○	○	○
4. 為情緒理由尋求支援	向人傾訴心事，表達自己感受	○	○	○
5. 正面的重新詮釋問題	抱積極樂觀的態度，從正面的角度去看事情	○	○	○
6. 接受現實	說服自己，要實事求是	○	○	○
7. 宣洩情緒	分散注意力：寫日記、寫貼文、運動、打機、唱歌等	○	○	○
8. 尋求宗教力量的支援	祈禱、從宗教中尋求協助和心靈慰藉	○	○	○
9. 否認	拒絕相信事實，假裝事情沒有發生	○	○	○
10. 行為上的退縮	放棄追求想要的東西，迴避	○	○	○
11. 心理上的退縮	轉向其他代替的活動，讓自己不去想這件事情	○	○	○
12. 依賴藥物、酒精或食物	利用吸毒、飲酒、暴食去填補空虛心靈	○	○	○

優點	缺點

以上十二種應付措施之中，最後四種的策略較為負面，弊多於利，甚至會衍生更多問題，前八項策略則各有優點；有些策略側重問題導向（1-3，5-6），有些側重情緒導向（4，7-8）。

你慣常採取的策略，可能是令你最感到舒服和自然的，也可能是你過往最成功的經驗，或者是你唯一懂得的策略。無論什麼原因，採取太少或太多的策略都不太適宜。太少策略可能表示你的策略僵化和缺乏靈活；太多的策略可能反映你沒有一些賴以成功的應付方法，沒有累積過往成功的經驗。

總括來說，你採用的策略最好能因應問題的性質，切合實際客觀環境，具彈性、遠見和理性，切合個人的需要和能力，兼顧問題導向和情緒導向，可以達致長遠的效益，最理想是能夠兼顧自己及別人的利益。

- 你最常用又最有效的是哪些應對措施？
- 你最常用但無效的是哪些應對措施？
- 你應該加添哪些可能有效的應對措施？
- 你預期遇上哪些障礙？你可以怎樣克服？

第五章
處理壓力之道

- 壓力調適能力測試
- 應付壓力的方法
- 六種有效運用時間的方法

自助練習
應對壓力技能

壓力是生活的一部分。你會怎樣面對它？請依照下列各題的指示給自己一個分數，最後把總分加起來。

1. 如果你覺得有一個支持自己的家，請加10分。 +
2. 如果你有一種很投入的興趣，請加10分。 +
3. 如果你屬於一個社會或活動組織，而你的參與率超過一個月一次，請加10分。 +
4. 根據你的身高與體型，你的體重在你理想的體重十磅之內，請加15分。 +
5. 如果你一星期至少五次進行鬆弛練習，例如靜坐、肌肉鬆弛練習、意象鬆弛或瑜伽等，請加15分。 +
6. 如果你每星期運動超過三十分鐘，請加5分。 +
7. 如果你的飲食均衡（包括低脂肪、高比例的水果、蔬菜和穀麥類產品），請加5分。 +
8. 如果你每星期都做一些自己享受的事情，請加5分。 +
9. 如果你家裏有一個可以讓你鬆弛的空間，請加10分。 +
10. 如果你有每天練習時間管理的技巧，請加10分。 +
11. 如果你平均每天抽一包煙，請減10分。 -
12. 如果你差不多每晚都要依靠藥物或酒精才能入睡，請減5分。 -
13. 如果你差不多每天都使用藥物或酒精去幫助減少緊張的情緒，請減10分。 -
14. 如果你差不多每晚都把日間的工作帶回家做，請減5分。 -

請計算你的總分。 =

你的分數是多少？分數愈高，代表你對壓力的調適與應付能力愈高。如果你的分數在50至60之間，代表你有足夠的能力應付日常的壓力。你滿意你的分數嗎？你滿意你應付壓力的能力嗎？

（取材自Dr. George Everly Jr., Stress Coping Skills Test）

積極的調適與應對策略

哪些人是沒有壓力的呢？

我們仔細想想，就會發現每個人都有壓力，無論壓力是來自自己的，例如希望贏得別人的讚美；來自外在環境的，例如失業或他人的期望；來自身體的，例如生老病死；或是來自心理的，例如擔心自己的健康、前途、情緒和親人等等，這些壓力都增加了我們的擔子。

有些人認為優質的生活與壓力是互相排斥的，他們不接受生活中有壓力存在：思想上，他們否定帶來壓力的事情，對壓力的來源漠不關心，畫清界線，幻想自己沒有壓力或是已經解決問題；行為上，他們以抽煙、飲用咖啡因飲料、濫用藥物或酒精等麻醉自己、以暴飲暴食填飽心中對壓力的恐懼與焦慮，又或是不停工作、進行某些活動去逃避問題和壓力。因此，逃避壓力成了他們面對壓力的方法。可是，獲得瞬間的輕鬆自在，壓力依舊存在，問題甚或會日益嚴重，導致更沉重的壓力，值得嗎？

與其逃避壓力，比較健康的做法是承認壓力的存在，並且進行調適（Adaptation）與應付（Coping），這是戰勝壓力的首要條件。調適是指自己的內在調整與接受的狀況。當我們面對壓力時，以自我對話、放鬆等方式調整因壓力所帶來的焦慮與不安，使情緒平穩下來，積極面對並接受面前的壓力。應付則指我們衡量自己與環境的資源，並採取行動解決問題。換句話說，我們要接受壓力的存在，並以積極的態度，冷靜地思考壓力的來源，應用自我或身邊的資源去解決問題，減輕壓力所帶來的負面影響。

（圖一）總括了幾種積極調適與應付壓力的方法。

圖一：積極調適與應付壓力的方法

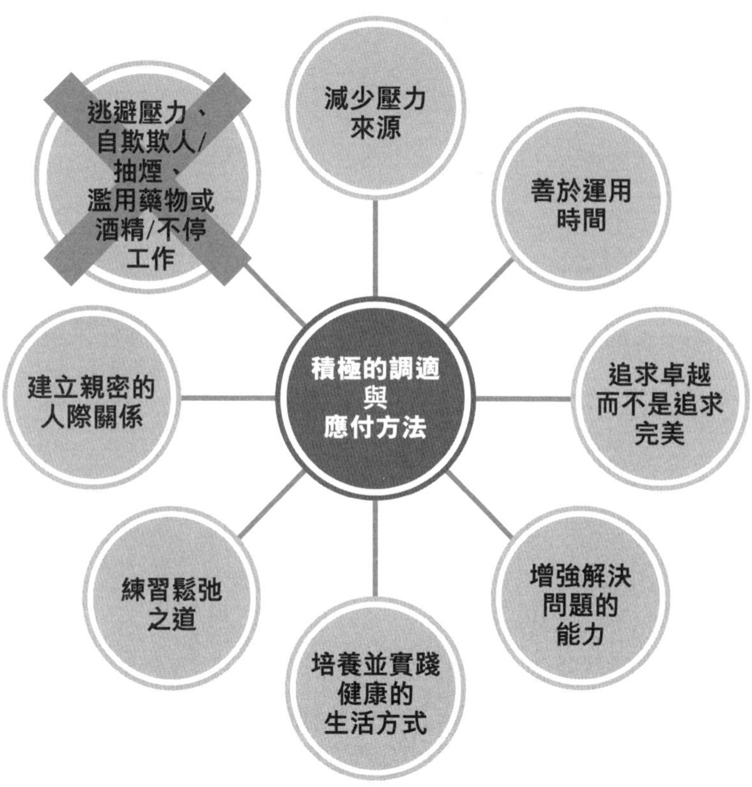

應付壓力的方法

一．減少壓力來源

生活中不可能沒有壓力，我們不能期望除去所有的壓力，只能減少生活中不必要的壓力。要減低壓力，就要檢視自己的壓力狀況，找出壓力的來源，作適當的取捨，讓自己承受比較合理的壓力。你可以先列出一張清單，根據自己的目標、角色、時間和目前的情況，決定處理事件的優先次序，什麼事可以留待最後完成，把清單中不必要的事刪除。接着採取行動，做那些該做的，放棄那些刪除了的，減少不必要的壓力來源，便可減少要面對的壓力。記住，凡事要量力而為、懂得取捨、善待自己、信任別人和自我肯定，這些都是減少壓力來源可參考的準則。

二．善於運用時間

相信許多人會贊同，時間是我們生活中最大的壓力來源之一。我們趕呀趕，不是工作進度落後，便是沒時間陪家人、朋友，也可能忽略了娛樂與休息。

Charlesworth & Natham（1982）說了一個故事：有一個年輕人想當個伐木工人，到伐木工廠找工作時，老闆見他身強體壯就僱用他。第一天，年輕人獨自砍了十棵樹木，實在了不起，老闆滿意極了。第二天，他一樣賣力工作，卻只砍了八棵，但成績仍叫人欽佩。之後的一星期，他每天都一樣的賣力工作，但生產愈來愈少。一個星期後，老闆找他進辦公室，告訴他今天只砍了一棵樹，他感到很慚愧。因為他的生產量這麼少，眼淚不禁流了下來。

「老闆，我每天都很努力工作，卻令你失望。」

「為什麼你愈砍愈少？」

「我真的很盡力，每天都一樣努力。」

「年輕人，你有沒有磨利你的斧頭再砍？」

「沒有，我根本沒有時間去磨刀，因為我實在太忙了。」

從以上的故事，我們看到效率與成績並不在於用更多的時間去工作，關鍵是妥善的運用時間。我們應該注意更有效的工作，而不是更努力工作（work sharper, not harder）。

以下是輔導學專家黃惠惠提出的幾則有效運用時間的方法，可供參考：

1. 列出清單並排出優先次序

作了減少壓力來源的取捨之後，把剩下要完成的工作，根據事情的輕重緩急排序。你可以用「1」代表最重要且效益最大的工作，或必須立即完成的工作；「2」代表重要性、效益中等的工作或要在今天完成的工作；「3」代表重要性、效益最低的工作或可以延後的工作。

2. 訂出時間表

把你要完成的工作排出次序後，再放入時間表內。值得留意的是，許多時間管理不佳的人常常先完成「3」類工作，而「3」類工作往往是繁瑣費時的，結果把寶貴的時間與精神耗盡了，重要的「1」類工作卻因而被延誤。所以我們應該把幾項重要的「1」類工作放在時間表的前列，完成工作後，精力和個人效率開始減退時，便開始完成「2」和「3」的工作。這樣，我們不但可以保證自己做好重要的工作，也可避免因忘記繳交電費之類的繁瑣事情而帶來麻煩。你可以根據以上原則、自己擁有的時間，擬定一個時間表，計劃何時完成什麼工作，也不要忘記為自己安排一些輕鬆和休息的時間，以提升效率。

3. 集中類似的工作，分拆繁複的工作

學者 Winston（1983）提出，我們要善用時間，就要懂得集中類似的工作，以及分拆繁複的工作。把幾件相類似的工作集中起來一起做，情況就類似把要買的東西集中一起，避免每次想到要買什麼才外出購買，費時失事。把一件繁複的工作分拆成為較小的任務，於一段時間內針對其中一項去做，這樣就能集中精神於其中一部分，提升效率，避免「坐這山，望那山，一事無成」。

4. 一次完成任務

你有沒有試過填寫一些表格，因為截止日期未到，看完內容便擱置下來，留待下次有空再填？可是當你第二次拿出表格時，你仍然要重新閱讀和填寫，而這些重複的閱讀都是浪費時間的。所以，生活中可以一次完成的事情，便要一次完成，以免擱置後再「由零開始」。

5. 適當的休息

心理學家發現，人類的注意力在 40 至 50 分鐘內的狀況最佳，之後會不斷下滑，不過休息 10 至 15 分鐘，注意力又能回復到最佳狀態。所以，我們工作久了，不妨給自己 10 分鐘休息時間，不論是喝杯茶，伸伸「懶腰」，總之變換一下狀況，都有助我們重新充電，再次投入工作。同樣地，若果我們三百六十五日都做着同樣的事，疲累與壓力不斷累積，對我們實在沒有什麼好處。所以我們在週末或假期時安排一些讓自己放鬆的活動，讓身心得到鬆弛與調整，更有能力去應付壓力。

6. 保持彈性

人生中常有突如其來的事發生，所以規劃時間時也要留下彈性空間，不要把時間表排得密密麻麻，分秒都不浪費，萬一發生意想不到的事情，時間安排就很容易混亂起來，引起更大的壓力。

三．追求卓越而非完美

生活中有些壓力來自不合理的目標，或追求完美的期望。正如第一章提及，當實際環境與我們的期望有分歧時，壓力與沮喪便無可避免。因此要預防壓力，先從自我了解開始，然後建立合理的目標和期望。我們可以先坦誠面對自己，認識自己是個怎樣的人，有什麼能力、長處、短處、興趣、個性等，以便了解自己可以做什麼、可以怎樣發展、有什麼限制等。

因應自己的情況，擬定適切的期望，並且按部就班的去實現會比較理想，而且可以減少不必要的挫折與壓力。有人會想，以上的態度有點兒不思進取，只有不斷為自己樹立更高的目標，我們才會向目標進發，做得更好。可是我們時刻抱着追求完美的心態去生活，事事講求完美無瑕，達到目標之後又是另一個更高的目標，無論我們做得有多好，也無法感到滿足，久而久之累積更多的壓力，直至無法承擔時，人會變得情緒低落，甚至抑鬱。

比較健康的進取態度是追求卓越。在這種態度下的期望是合理的、有彈性的，目標是要比現在更好、更進步；了解某些事沒有犯錯的空間，所以會謹慎行事，絕不馬虎，任務完成時，會為自己的表現而感到滿足和欣慰。對於其他比較沒那麼重要的事，追求卓越的人便不會那麼小心翼翼，他會比較輕鬆自在，因為他知道就算犯了錯也是無傷大雅的，不會有什麼嚴重後果，不值得憂心忡忡。所以我們要學習的是追求卓越而不是追求完美的進取心態。

四．增強解決問題的能力

困難愈多，壓力愈大。如果我們解決問題的能力愈高，困難便愈少，減少壓力的機會愈大。解決問題的能力，往往是從經驗中學習累積的。當生活、工作、活動中出現問題或困難時，願意去學習並嘗試解決，解決問題的能力便會不斷提升。另一方面，學習一些思考、解難的辦法也可以增強解決問題的能力，以減少壓力。你可以參考本書第六及第七章所提供的方法。

五．實踐健康的生活方式

健康的生活方式讓我們保持身心健康，以應付日常生活的各種壓力。所以我們要留意攝取均衡的營養，安排充分的休息與睡眠，積極參與建設性的社交活動，進行適量的運動和培養健康的嗜好，有適當的休閒生活。

六．練習鬆弛之道

面對壓力，身體的反應與變化是最明顯、最迅速的。緊張與放鬆是兩種相對的狀態，若果下意識讓身體放鬆下來，便有助我們紓解身心的緊張狀態。最簡單的放鬆訓練是運動和深呼吸，並且同時告訴自己要放鬆；此外，肌肉鬆弛練習和靜坐也是有效的鬆弛辦法。(參考第六章)

七．建立親密信任的人際關係

有研究（Berkman & Syme, 1979）指出，社會支持度愈高的人，應付壓力的能力愈高。社會支持的意思是那些令你感覺親密、信任，而且能夠和你分享快樂、分擔問題的人的關係，對方可以是家人、朋友、同事或師長。社會支持可以出現於三個層面：1. 情緒性的支持，給予安全和關懷；2. 工具性的支持，直接協助受到壓力的人解決問題；3. 資訊性的支持，提供受壓者有關可能解除壓力或解決問題的知識、意見或指導。從這三個層面中，可見擁有一些親密和信任的人際關係的確有助我們穩定情緒和解決壓力問題。

可是人與人之間的關係是雙向的，單向的接收並不可以建立與維持一段真摯的人際關係。要建立你的社會支持網絡，首先要開放自己，坦誠待人，真誠的去關心對方，主動幫助他人；先成為別人的支持，別人也會進而成為你的支持。

自助練習
我的實踐

以下問題很值得你用一些時間反思和作答，有助你選擇過一個以價值為本的生活：

1. 生活中有哪些事是你認為重要、必須完成，但成果往往未如理想的呢？

2. 生活中有哪些繁瑣的事，是你花上很多功夫去處理呢？

3. 你的壓力是什麼？它們來自哪方面？

4. 以上的壓力都是必要的嗎？當中有沒有一些是非必要的？

5. 你怎樣舒緩你的壓力？你覺得有效嗎？

6. 你覺得以上所介紹的壓力調適與應對措施對你有幫助嗎？如果有的話，你會怎樣實行？

7. 試根據本章提及的時間管理原則，為自己訂定一個合理而有效率的時間表：

	星期日	星期一	星期二
07：00			
08：00			
09：00			
10：00			
11：00			
12：00			
13：00			
14：00			
15：00			
16：00			
17：00			
18：00			
19：00			
20：00			
21：00			
22：00			

星期三	星期四	星期五	星期六

第六章

學習放鬆之道

- 腹腔呼吸法
- 意象鬆弛法

自助練習

你緊張嗎？

你試過放大假或度假時也不能放鬆自己嗎？你會在娛樂時仍記掛工作上的煩惱或問題，焦慮的感覺揮之不去嗎？你經常感到身體肌肉繃緊，頸梗背痛，疲憊不堪嗎？你經常遇事緊張、心跳加速、手心冒汗、對很小的事情也有頗大的反應嗎？要了解你的緊張，你要先問自己身體哪個位置令你感到緊張：

- **你最常用又最有效的是哪些應付措施？**
- **你最常用但無效的是哪些應付措施？**
- **你應該加添哪些可能有效的應付措施？**
- **你預期遇上哪些障礙？你可以怎樣克服？**

假如你出現以上大部分情況，你可能犯上經常性緊張的毛病，失去了鬆弛的感覺。

面對壓力時，心理上我們會感到緊張，身體上可能感到肌肉痠痛，例如肩膊長時間縮起，覺得頸部和肩膊附近肌肉繃緊，有些人甚至會感到腰痠背痛。緊張情緒持續上升不但困擾我們，也會影響我們的工作和學習效率，所以克服緊張情緒可以令我們活得更自在。

緊張和輕鬆是兩種相對的情緒狀態，我們不能同時感到緊張和輕鬆，所以我們可以透過學習放鬆——有意識地鬆弛緊張情緒，以鬆弛、平靜的感覺取代緊張和不安，這對處理焦慮和抑鬱的情緒也很有幫助。另一方面，學習鬆弛也能增強預防情緒病的免疫力。

鬆弛策略

兩種簡單有效的鬆弛練習分別是腹腔呼吸法和意象鬆弛法。練習這兩種鬆弛技巧時，你只要靜靜坐下來，集中在練習上。就算在一些公眾地方練習，例如在巴士上、公園裏，別人只會以為你閉目養神，不會出現令你尷尬的情況。當然，鬆弛的方法很多，你不須局限自己在這兩種方法內，太極、冥想、瑜珈等都是十分不錯的鬆弛運動。

一·腹腔呼吸法

呼吸是每個人天生的身體功能，但很多人只使用肺的上半部分，習慣了快而淺的呼吸，結果吸入過多的氧氣，造成換氣過度，使身體感到緊張、不適。因習慣性的過度呼吸帶來的不良後果包括：

1. 過多的氧氣進入血液，二氧化碳水平就會下降，造成血液中的氧氣和二氧化碳的比例失衡，自然引起身體不良的反應，例如肌肉顫抖、呼吸困難、胸部及胃部不適等。

2. 呼吸短淺，氧氣只停留在胸口，加上呼出的次數同樣頻密，血液中的帶氧量便減少，胸部血液含量減少，容易引致頭痛、疲倦和頭腦不夠清醒。

健康而正確的呼吸方法，是呼吸的頻率緩慢均勻，吸氣深入全個肺部，然後緩慢地全部呼出來。這是腹腔呼吸，即全肺呼吸，而非僅用胸肺的上部來呼吸。腹腔呼吸能夠幫助身體在瞬間平靜下來，改善因精神緊張和憂慮而引起的負面情緒。既深且慢的呼吸是眾多鬆弛活動的首個技巧，練習腹腔深呼吸的方法是：

1. 仰臥，放一本書在肚腹上。放鬆全身肌肉，深深吸氣，使肚皮鼓起，書本升高。呼氣時，書本隨之下降。這樣呼吸能把整個肺部擴張。記住：要儘量放鬆自然，緩慢地呼吸，不要太刻意用力的深呼吸，否則可能弄巧反拙，使你感到頭暈目眩，更加緊張。

2. 坐直，右手放在腹部，左手放在胸部。慢慢呼吸，使腹部上的右手隨呼吸而起伏，胸部上的左手則靜止不動。用鼻吸氣，呼氣則可用鼻和口，盡情享受腹腔式深呼吸的鬆弛感覺。

3. 在眼前放一個有秒針的時鐘。慢慢吸氣慢慢呼氣，最理想的是每分鐘大約六至八次的呼吸，每次呼吸約維持五至七秒，這樣你的呼吸就夠慢夠深了。

你可以隨時用腹腔呼吸法來深呼吸，例如在早上醒來時、睡覺前、或當你感到緊張的時候，有意識地叫自己放鬆，重複練習後，只需一兩分鐘，就有意想不到的平靜感覺呢！不過，如果你剛開始運用腹腔式呼吸法時覺得不太自然，請不要擔心。你可先控制呼吸的速度，感受緩慢式的呼吸帶來的舒適感。只要不斷反復練習，自然能掌握當中竅門。

二・意象鬆弛法

試感受小女孩嘉欣的感受：

今天風和日麗，爸爸媽媽帶女兒嘉欣到遊樂場玩耍。

爸爸：「你看，嘉欣玩得多開心！」

媽媽：「當然啦！小朋友都喜歡玩的嘛！嘉欣，到爸爸媽媽這邊來，喝一點水吧。」

嘉欣跑過來，媽媽幫她抹汗。

嘉欣：「白雪雪的綿羊很可愛哩！」

爸爸媽媽：「什麼？小綿羊？在哪裏？」

嘉欣指着蔚藍的天空：「哈哈，你們看，天上的雲白雪雪的，這團雲的形狀像一頭小綿羊。嘩，那邊還有一隻小豬哩！我好像身處在阿爾卑斯山上的牧場一樣呀！在翠綠色的草地上有些松鼠跳來跳去，咚咚、咚咚的，我還嗅到青草的清新氣息哩！嘩！睡在軟綿綿的草地上，花朵和草兒吸收了我的汗水，感覺很清爽哩！」

讀畢以上對話後，你認為小女孩嘉欣當時有什麼感受？你可能會驚歎小孩子豐富的想像力。天朗氣清，在遊樂場內，竟可感受到身處於阿爾卑斯山的牧場那份平靜和悠然自在。你可能覺得荒謬，想不通為什麼想像力也可以令自己輕鬆。其實早在二十世紀初，法國著名藥劑師 Emil

Coue 便開始教導他的病人以想像力幫助自己活得更輕鬆。近年，心理學家（Simonton, Matthews-Simonton, & Creighton, 1980）更提倡使用意象鬆弛法去幫助癌症病人減輕痛楚，而且成效顯著。

試想想，當我們想起傷心的事，我們會感到不快樂，當我們想起令人驚心動魄的事，我們會覺得驚慌，甚至顫抖、冒汗。同樣地，當我們想像悠閒和平靜的情境，我們也會輕鬆下來。你也可以擁有輕鬆的心情，不用羨慕嘉欣，你也可以用意象的方式使自己鬆弛下來。

你可能擔心自己的想像力不夠好，很難想像自己身處於一個輕鬆的地方，擁有輕鬆的心情。心理學的意象鬆弛法可以解決以上難題，同時幫助你達到鬆弛的效果，帶來暢快的感覺。

意象鬆弛法透過想像自己身處於舒服的環境，感受當時環境的各種感官意象，情況就如有意識地發白日夢一樣，在一個清醒的精神狀態下，特意想像自己身處一個與現實環境不同的意象。

練習意象鬆弛法時，我們的注意力要集中在安靜和舒服的環境中，無論外在或內在的干擾都減到最低。我們的腦神經接收了輕鬆的意象後，會把訊息輸送到身體其他部分，減慢我們的呼吸和心跳速度，並且使我們的肌肉鬆弛下來，整個人漸漸感到舒服自在。

再者，你可以預先計劃意象的內容和過程，以便練習時更容易達到鬆弛的效果。計劃意象的內容時，最好回憶一個以往曾經到過的地方，這個地方令你感到輕鬆、平靜，它可能是沙灘、草地、公園或山丘上。若果你想像不到一個這樣的地方，你可以參考旅遊書籍、雜誌上的相片和圖畫，然後挑選一個令你心曠神怡的影像。

自助練習

挑選一個令你感到舒服、平靜的環境作為意象內容後，請你預留約這分鐘，靜靜坐下或躺下來，利用腹腔式呼吸法，慢慢地呼吸，並且將注意力放在這個意象上。利用想像力和以往的經歷，逐步創作出身處當時環境下的感到鬆弛、平靜、悠然自得，我們就以公園意象為例，你可按以下七點來練習，必要時可利用頁111之相片來幫助想像。

1. 呼吸：首先，請你靜靜坐下來並以腹腔式呼吸法令自己集中精神，呼氣時同時提醒自己要放鬆。
2. 視覺意象：想像寧靜公園的環境。請你留心看，例如青翠的草地，高高低底的花草樹木，五顏六色的花朵。仔細看看，可能會發現在花間穿插的蝴蝶；抬頭看看，在蔚藍的天空中，軟綿綿的白雲飄來飄去，給你平靜的感覺。
3. 嗅覺意象：想像在公園會「嗅」到的氣味，隨着你的呼吸，青草的清新氣味和花朵的甜蜜氣味，隨着空氣被你嗅到。
4. 聽覺意象：想像身在寧靜的公園會「聽」到的聲音，例如微風輕輕吹過樹葉，葉子互相摩擦的節奏和韻律，雀鳥清脆悅耳的歌聲。
5. 觸覺意象：感受以上三種感官意象後，你大致上已經感到十分平靜鬆弛。這時可以進一步想像你可能接觸到的東西，以及這些接觸所帶來的感覺。
   例如：坐在柔軟草地上那種舒服的感覺、陽光灑在皮膚上的微溫感覺、風輕輕地吹過的涼快感覺等。
6. 情境意象：最後你更可以想像自己身處於公園的活動，例如在草地上閱讀書本、報章、雜誌等。一邊喝一杯你喜愛的飲品，一邊享受大自然，躺在那裏歇一會，休息一下，享受當時環境帶給你輕鬆的感覺。
7. 離開：現在你已感到鬆弛，而且充滿力量，可以繼續完成今天的事情了。請你慢慢把人土水眼睜開，伸一伸懶腰，看看周圍的環境，逐漸的清醒過來，並且感到很輕鬆自在。

以上例子只是一個參考，由於每個人的想像力不同，可以帶來鬆弛心理和生理的反應也不同。你可以根據自己的情況，設計一個令自己放鬆的意象。當然，想像力較豐富的人會比較容易達到預期的效果。若果意想的環境是到訪過的地方又令人輕鬆舒服，或者預先計劃意象的內容和過程，即使不習慣幻想的人也可以達到鬆弛的效果。

無論你的想像力如何，所謂熟能生巧，只要耐心練習，每天最少做腹腔呼吸法和意象鬆弛法一至兩次，你便可以輕易和迅速地感到鬆弛。

鬆弛練習的基本原則

- 若你想真的達致身心鬆弛效果，就得按計劃有規律的每天練習鬆弛，使之成為習慣，最好每天練習二至三次。
- 先安排一個安靜、舒適的環境來練習，當掌握熟練之後，可隨時隨地練習，這會增強鬆弛的實用性和靈活性。
- 要抱着放鬆的心情來練習，不要過分注重是否達到鬆弛的效果。只要有恆心地練習，成果就會漸漸出現。
- 最好記錄練習的過程，評估練習前後的緊張或鬆弛狀況，這樣經過一段時間，就能檢討成效和找出最有效的鬆弛方法。

要學習鬆馳，建立鬆弛運動的習慣，有幾點值得留意的：

- 找些每天接觸到的情景來提醒自己：是時候放鬆了，例如在家裏或辦公室等地方，貼一張醒目的字條；以電話鈴聲提醒自己做深呼吸的運動。
- 當你想放鬆時可對自己說：「現在我能全 · 然 · 放 · 鬆。」並想像全身的緊張正從你的手和腳不斷「揮發」。更可心數 1、2、3，以達到完全放鬆的效果。
- 若在焦慮不嚴重時就開始鬆弛，則更容易控制焦慮。

鬆弛訓練的常見困難

一 · 異樣的感覺

假如你過去不曾做過放鬆練習，最初可能出現一些異樣的感覺。不必擔心，只要繼續練習，那些異樣的感覺會自行消失。

二 · 感到疲勞眼睏

當你在練習過程中容易打瞌睡時，儘量不要躺着練習；你可以手握一件東西，為了防止它從手中掉下來而保持清醒。

三．干擾性的想法

出現干擾性的想法是完全正常的現象，只要不理會，這些想法便會自行消失。你愈想排斥這些入侵的念頭，愈易被它們騷擾。你要接受腦海中不時出現的念頭，只把注意力集中在放鬆弛練習上。

四．沒有放鬆的感覺

當你初做鬆弛練習時，可能不易產生放鬆的效果，要知道效果是從不斷練習中才產生的。因此不要過分心急，欲速則不達，順其自然就可。

自助練習

鬆弛練習紀錄表

練習的方法：

1. 每天最少做腹腔呼吸法和意象鬆弛法兩次。
2. 每次練習前，在該節的空格中加上剔號。
3. 為自己的緊張程度由1至10評分（1=最輕微緊張，10=最嚴重緊張）。
4. 開始腹腔呼吸法，練習三至五分鐘，然後做意象鬆弛法至少十五分鐘。
5. 練習完成後，再次為自己的緊張程度由1至10評分（1=最輕微緊張，10=最嚴重緊張）。

星期	時間	練習前的緊張程度(1-10)	練習後的緊張程度(1-10)	時間	練習前的緊張程度(1-10)	練習後的緊張程度(1-10)
日						
一						
二						
三						
四						
五						
六						

第七章

處理壓力之道：

解決問題

- 解決問題五部曲

自助練習

解決問題

你穿上襯衫後才發覺它有點污漬，可能很自然地擦擦污漬。若污漬褪去，問題便解決。這個擦污漬的動作或許是太自然吧！所以你並沒有注意自己已經解決了一個問題。可是當問題變得「大」時，你便會感到問題的存在，並要想辦法去解決。

以襯衫的污漬為例，如果污漬未能輕易擦去，而你又趕着上班，你可能……

情況一： 覺得污漬不明顯，照穿可也，準時上班較重要。

情況二： 覺得污漬明顯了點，還是換上另一件襯衫上班。

情況三： 覺得污漬很明顯，憂心上班遲到，同時覺得自己不夠小心，沒有預先檢查上班的衣服是否乾淨。若穿上有污漬的衣服上班，一定引來途人、同事鄙視的眼光；但換上另一件襯衫，又要花很多時間，而且顯得格格不入，我一定會遲到被老闆「炒魷」……

在以上三種可能情況下，你的心情是怎樣？你會有什麼相應的行動？

情況一　：

我的心情：

我的行動：

情況二　：

我的心情：

我的行動：

情況三　：

我的心情：

我的行動：

從以上例子可見，當解決問題成為習慣時，問題並不存在。當我們認為問題微不足道時，根本並不值得我們花時間去解決；當我們認為有問題，但我們處變不驚，認為自己有能力解決問題時，問題亦迎刃而解；可是，若我們將問題嚴重化，同時加上憂慮的心情，問題不但未能順利解決，我們的情緒也會變壞，引申出更多的問題。

所以，冷靜是解決問題時很重要的態度，把問題嚴重化，只會令問題更加複雜。多餘的掙扎、焦慮和操心不但無補於事，反而會打擊我們解決問題的自信，阻礙解決問題。

解決問題五部曲

中國人有句諺語：「到什麼山上砍什麼柴」，意思是指具體地分析問題，針對不同情形採取不同的方法。若我們要成功處理生活中的壓力，就得學習一種漸進的解決問題方法——解決問題五部曲，增強你解決問題的能力，讓你不單可以對抗負面情緒，也可以裝備自己，面對人生的各種挑戰（見圖一）。

圖一：解決問題的五個進程

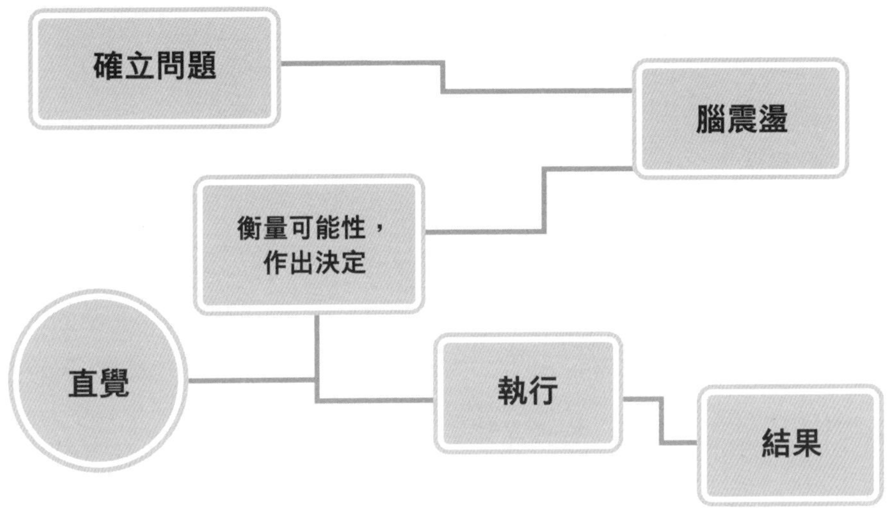

一．確立問題

若果沒有問題存在，我們根本不用花時間與精神去解決。要解決問題，必先確立問題，並要把問題形容得實在一點，不要單單認為有問題，卻不知道問題的本質是什麼。在確立問題時，你可以考慮以下幾點：

1. 那是什麼問題？

2. 那是我的問題嗎？

3. 這個問題需要即時解決嗎？我有能力解決嗎？

4. 以往的應對方法有什麼不妥？

5. 問題會不會隨時間而化解？有什麼限制使問題變得複雜？

6. 有什麼人受到問題的影響？

二．腦震盪

確立問題後，我們必須有意識地加以考慮和收集與問題有關的所有訊息，考慮一切可能的行動方案。不論方案是簡單的、難行的、老套的、荒謬的，甚至是令人發笑的，都要一一列舉出來。同時，你也可以觀察其他人怎樣解決相似的問題，或者向其他人取經，從不同的角度和立場去「震盪」出「可能的」解決方案。

三．衡量可能性，作出決定

當你列出所有可能性時，便是決定解決方案的時機。面對眾多的可能性，你可能感到煩惱，不知如何選擇是好。其實，你可以依三個條件去衡量你的方案，並把它們排序。三個原則是：適切性、可行性和彈性。適切性是指方案是否適合於問題，是否合情合理；可行性是指方案是否確實可行；而彈性是指方案本身是否能夠應變不同的情況。你可以借助以下的圖表去考慮這三個條件：

	適切性	可行性	彈性	總分
方案一				
方案二				
方案三				
方案四				

以 1 至 3 分來衡量適切性、可行性和彈性，1 分為最差，3 分為最好。衡量所有方案後，你便可以計算各個方案的總分。分數愈高的方案，代表它在三個條件下的表現愈好。這樣，你便可以把你的方案排列出優先次序，再選擇最好的方案行動。

可是，分數最高的方案未必是完美的方案。事實上，沒有一個方案是完美的，所以請你不要對方案抱過高的期望，以為方案可以令你消除問題，它只是相對較好的一個。另外，以上方法只是考慮方案的指引，也許你直覺地厭惡這樣選出來的方案，那麼留心你的直覺對你説什麼，平衡直覺與理性的考慮，再決定使用什麼方案吧！

四・執行

以上幾個步驟，是處於思想解決問題的階段，直至我們採取行動，才能夠有機會真正解決問題。當你選擇了解決的方案，便要計劃怎樣實行。你可以把實行方法分成幾個步驟，逐步實行，而且你可以在腦海中練習實行方案，準備需要的資源，逐步接近問題，並解決它。這不但可以令你成熟地行動，更可加強你解決問題的自信。

五・檢討結果

實行你的解決方案並不等於問題已經解決。要進一步增強你解決問題的能力，還要檢討你的行動能否助你解決問題。過程中，有什麼做得好或做得不好、有什麼地方令你覺得舒服自在或令你感到為難，你都可以記下，並作為下次解決問題的參考。

以上方法對於初學者來説可能比較困難，但當你逐漸熟習時，這五部曲就像經過反復練習的舞步，變得純熟自然，執行時便不費功夫。

自助練習
解決問題五部曲

試以解決問題五部曲去解決一個問題。

1. 問題：

2. 腦震盪，可能的解決方案

方案一：

方案二：

方案三：

方案四：

3. 衡量解決問題的方案

	適切性	可行性	彈性	總分
方案一				
方案二				
方案三				
方案四				

4. 我會這樣實行所選方案：

5. 檢討：這次行動中有什麼值得欣賞自己的地方？有什麼地方可以改善？

思想

重整篇

第八章

思想改革藍圖

- 評估你的即時想法
- 轉換想法的三個步驟

一天，你走進一個商場，準備隨便逛逛，這時一個中年婦人向你沒頭沒腦的衝過來，把你撞開，奪門而出，不顧而去。你幾乎被她撞倒在地，自然感到非常憤怒，你認為她極為魯莽無禮，很想興師問罪。追上去找晦氣時，忽然聽到街上人聲鼎沸，一大羣人在馬路中央圍着一輛汽車，車前躺着一個受傷的小孩，原來是交通意外。最令你驚訝的是那中年婦人在那孩子旁邊呼天搶地，淚流滿面。此刻你明白一切所發生的事，你對那個中年婦人的感覺和情緒反應，也從憤怒轉為同情。

我思故我感

孟子云：「惻隱之心，人皆有之。」你的情緒變化實屬正常，因為你的想法改變了。在那種危急的情況下，那個婦人的魯莽行為完全可以諒解，你的憤怒自然站不住腳。倘若你仍要繼續生她的氣，反而顯得你是不近人情和蠻不講理。以上的故事説明，情緒的改變全因我們對事情的理解不同所致。

事實上，你有怎樣的想法，就有怎樣的情緒。處理情緒的方法有很多，其中一個最徹底的方法，就是了解及掌握導致這種情緒反應的想法，檢視自己的想法是否恰當和合理，並且應該如何改變自己的想法，使之更合情理和有益。

要經常清楚分辨自己的反應不是簡單容易的事，因為我們的情緒和思想反應都是主觀和內在的，很多時候這些心理活動都在我們自覺與不自覺之間產生出來。要了解想法怎樣影響自己的情緒，你需要更多認識和捕捉自己的思想活動。

「自動化」思想：即時想法

試過無故心情低落，煩躁不安，甚至憤怒莫名嗎？或者自己的情緒強烈程度遠超乎該引起的反應嗎？其實這些情況非常普遍，亦是情緒管理困難的原因之一。若要明白這個現象，我們要知道心理學對我們的認知活動和思想模式的發現。

原來每個人的意識活動非常活躍，每天起碼約有五萬多個想法或念頭。假若我們要清楚知道自己每個念頭，將令自己不勝負荷，筋疲力盡。

我們大腦的設計以最經濟的原則處理思想和念頭，除非我們要刻意覺察自己的想法，否則很多認知活動都自動自覺進行，特別是一些重複的經驗，我們這個「自動化」思考過程就愈明顯。譬如你經常面對一個你很害怕的人，每當面對他時你的「自動化」想法就會浮現，但你未必察覺，可能只感到有種緊張害怕的反應。

認知心理學大師貝克（Beck）稱這些不自覺的想法為即時想法，或自動想法（automatic thoughts）。這些思想都是我們對事情的直接反應，是過去的經驗告訴我們，這件事情的意義和應有的理解。我們的即時想法可能是基於先入為主的假設和觀念，甚至是偏見，而非客觀事實所提供的資料，只是我們很少會即時察覺到，除非我們特別留意自己的想法，並加以分析。

我們需要學習如何捕捉這些想法，才能鞏固我們管理情緒的反應。簡而言之，要了解自己的情緒，就要先了解自己的即時想法了。

讓我們總結即時想法的特徵：

1. 是我們對事情的即時理解。
2. 是即時在腦海中出現的。
3. 是不假思索、不知不覺間出現的。
4. 我們通常視這些想法為事實，不加以求證。
5. 通常包括對事情的理解、好壞判斷、對自己的意義所在。
6. 可以意象圖畫的形式出現，例如「見到」自己在危險的境況之中。
7. 經過我們刻意的了解和分析後，我們可以掌握和改變它。

以上列舉的特徵，使我們能有效分析和回應每天千變萬化的現實。第七點是極為重要的，也是情緒管理的重要策略。舉例說，初學踏單車時，你會很留意自己的每個動作，學會之後，你的動作就變得自動自覺，你不再那麼在意了。當你想加速或提升改變技巧，又會再度注意自己的動作。改良我們的「思想動作」也是如此。只要我們留心覺察自己的思想活動和模式，便不難發現和改良一些錯誤、負面的「思想動作」。

即時想法的限制

即時想法可說是我們思想的「捷徑」，令我們在最短的時間內找到對事情的看法和回應，為我們節省了不少時間和精力。不過，即時想法很多時會出現差錯，與現實不符。因為我們通常不會留意不自覺的想法，更不會分析這些即時想法有否偏差和錯誤的地方，以致我們很少能客觀分析自己的看法，未能準確窺視現實全貌、掌握所有資料，結果容易產生先入為主、以偏概全的情況。最後，我們應付問題和事情時就會出現偏差或錯誤的想法，因而衍生了負面情緒，實在弊多於利。所以，每當情緒困擾時，你都應檢視自己的即時想法，看看是否需要改變和糾正。

換個想法，負面情緒自然隨之改變，似乎是個顯淺易明的道理，但實行起來往往不簡單。因為我們已有一些固定和先入為主的想法，並且認為是正確的、無可置疑的，所以要換個想法很是艱難。不過只要我們能掌握思考的方法，勤加練習，自然能駕輕就熟。

當然，並非所有的想法都要改變，只是當你的情緒極受困擾，出現抑鬱、焦慮、憤怒、內疚或羞恥的情緒，你就應該細心檢視自己的想法是否出了問題，為自己製造了不必要的苦惱。事實證明，極端的想法容易產生負面情緒，所以改變情緒的秘訣之一就是扭轉不合宜的思想。

以下先討論如何檢視自己的即時想法，然後討論如何建立比較合理的思想。

思想革命

當老闆對你説，公司要擱置你負責的計劃時，你會出現以下哪些即時想法？

- 老闆不喜歡我，他針對我。
- 公司可能要我做另一個沒有意義的計劃。
- 我的工作表現令老闆失望。我想我快要被裁掉了。
- 公司的財政有問題。
- 我是一個辦事不成的笨蛋。

以上不同的即時想法，哪些是真正符合現實呢？除非我們有更多的資訊，否則只憑老闆的一句話，我們很難確定。

在未有足夠資訊之前，我們往往過早相信自己的即時想法，甚至鑽牛角尖，造成情緒極大的困擾。要保持情緒健康，就要學習自覺，經常檢視自己對現實的理解和評估，看看有否歪曲現實，不合情理的地方。要是有的話，就要糾正和轉換歪念，以更客觀或正面的想法取代。要完成這種「思想革命」，先要明白思想改革藍圖的要點：

- 令人困擾的想法和信念大多從過往經驗中形成。
- 這些想法和信念可引致嚴重的情緒問題，如焦慮、抑鬱等。
- 我們有反省思想習慣的能力。
- 這些不良的思想習慣是可以扭轉和改變的。
- 健康和正確的思想習慣可以取代有害和錯誤的思想習慣。
- 新思維可以產生新的言語和行為，並會帶來新的選擇和自由。
- 重複練習新的行為和言語，可以加強建立新思想的習慣。
- 建立新的思想習慣是改善情緒問題最有效和可靠的方法。

以下提供幾個步驟讓你進行思想革命，檢視和改善自己對事情的即時想法：

一・評估即時想法

1. 捕捉思想

我們的即時想法就像燃點火柴一樣快速，通常在不知不覺間產生。要提升自覺，捕捉這些即時想法，就要訓練觀察能力。每當有明顯的情緒反應出現時，你可先把這些感覺寫下來（隨身攜帶一本記事簿是方法之一），並且反思是什麼事情、處境和想法令自己產生這種情緒。你可這樣記錄：

事件經過	情緒反應	背後的想法和觀點

2. 自我檢查

無論你做些什麼事情，都思想一下自己此刻的感受或情緒，自己有什麼想法。可以的話，每天定時把這些思緒記錄下來。只要你自我觀察一星期左右，就會加深了解自己的情緒和思想經驗。

3. 客觀分析

捕捉了即時想法後，就要檢視這些想法是否持平，並符合現實環境。檢視時，要提醒自己把現在的想法看成一個理論或假設，有待證實，就像科學研究一樣，大膽假設，小心求證，嘗試客觀抽離感受才能持平。你要儘量認識自己慣常的思考模式，提醒自己對事情的理解可能是先入為主，而非事實，所以要從不同的角度解釋事情。以下提供一些重要的提示：

提示 1 鐵證待判：我的想法有支持的證據嗎？

* 我有什麼證據支持自己的想法？

* 有什麼證據會推翻我的想法？

* 我如何能發掘這些證據？

* 我還要搜集哪些資料來衡量自己的想法？

提示 2 轉念可能：可否換一個想法呢？

* 其他人對這件事有什麼想法？

* 我未感到不開心 / 焦慮前，對這件事有什麼看法？

* 有什麼其他看法值得考慮？

* 有什麼證據支持這些可能的想法？

提示 3 小心盲點：我有沒有鑽牛角尖呢？

* 我有沒有反復想着自己的缺點而忘記了自己的優點？

* 我有沒有過分自責？我的自責對事情有沒有幫助？

* 我有沒有把問題「私有化」？例如把他人的問題當作自己的問題？

* 我有沒有誇大了事情的嚴重性？

* 我有沒有太早認定所有的解決方法都行不通？

提示 4 計算代價：我的想法對我會有好處嗎？

	好處	壞處
解決問題方面	• 能夠解決問題 • 會幫我得到想要的東西	• 問題解決不了，甚至變得更嚴重 • 不會幫我得到想要的東西
人際關係方面	• 改善我的親密關係 • 使我容易和別人溝通	• 破壞我的親密關係 • 使我不想聆聽別人的意見，容易跟別人對立
情緒方面	• 令我心情輕鬆 • 使我開心	• 令我心情沉重 • 使我不開心
生活態度方面	• 使我積極過生活	• 使我逃避日常生活
思想方面	• 令思想更加積極	• 令我的思想更加消極

自助練習

情緒事件簿

- 引發我不愉快情緒的事件經過：
- 我的不愉快（負面）情緒是：
- 我有哪些即時想法令我產生這些情緒：
- 我的想法有何事實根據？
- 有哪些事實與我的想法不符？
- 有其他可能更合理、更好的想法嗎？
- 若我堅持原初的想法，對我有什麼好處？
- 有什麼害處？
- 我的想法有否鑽牛角尖呢？
- 我有哪些鑽牛角尖的思想？
- 我可否換一個想法？我可否採取實際行動去改善問題？

二·轉換即時想法

使人困擾的思想，就像某些不良習慣一樣，重複出現。如果要改善情緒健康，就要「戒除」這些不良的思想習慣，重新建立正確和良好的思想習慣，漸漸改變對事物對人生的看法，才是徹底改善情緒問題的良方。改變想法基本有以下三個步驟：

1. 尋找令自己感到困擾的即時想法。
2. 檢視這個想法有否謬誤和歪曲的地方。
3. 重新建立一個新的想法來取代原有的想法。

你可用以下圖表來整理：

	令人困擾的想法	謬誤/鑽牛角尖/反駁的理由	較正面的新想法
例子	我一定要做到最好，要好過其他人，否則別人就會小看我，覺得我很平凡。	優越不一定要與人比較，也不一定要做到完美，過分緊張別人的看法只會自尋煩惱。	只要我能發揮自己的長處，追求進步，已很滿足，不一定要與人比高下，了解及接納自才最重要。
你的情況			

起初，你最好把這些思考的步驟和內容記錄下來（可運用頁 144 至 145 的「思想紀錄表」），特別是出現負面情緒之時。或許你覺得這種做法很費時，但要扭轉慣性的負面思想並不簡單，須要不斷練習。當你練習得多，習慣成自然，就會毫不費力的想出更正面和合理的主意，新的思想習慣就會漸漸養成。

1. 自我對話的重要

很多時候，我們負面的即時想法都以自我對話（Self-talk）的形式出現，不斷在腦海中和自己對話。譬如當你小心地進行一件複雜的工序時，可能會邊做邊提醒自己不要出錯，這就是自我對話。留心這些自我對話，改變其中的內容，是有效改變想法和情緒的方法。

當我們感到焦慮時，自我對話很多時如下頁圖一般出現：

圖一：自我對話的出現形式

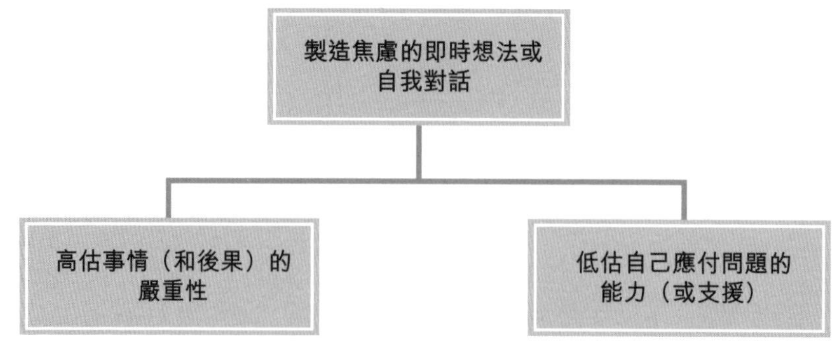

2. 運用正面的自我對話

我們可以學習運用正面積極的自我對話元素來管理情緒（見圖二），減低情緒困擾的機會。

圖二：自我對話的正面元素

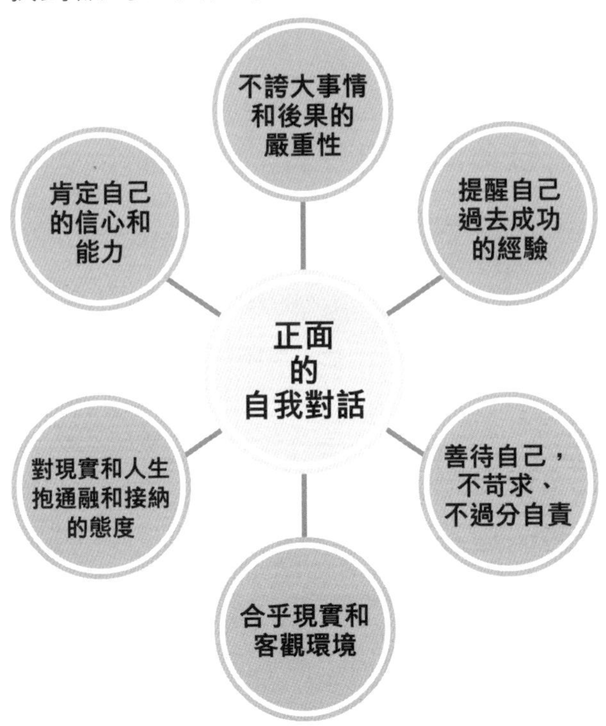

正面的自我對話必須具備說服力和可信性，連自己也不相信的說話，不會產生效用。若要達到「自我導航」的效果，就要鍥而不捨地練習這種正面的自我對話，直至能改變負面的情緒。學會以正面的自我對話來代替負面的對話，能夠大大提高我們應付困境的能力。試參考以下的例子：

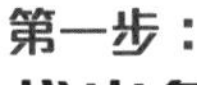

第一步：

找出負面的自我對話

第二步：

搜集資料，反駁負面的自我對話的真確性

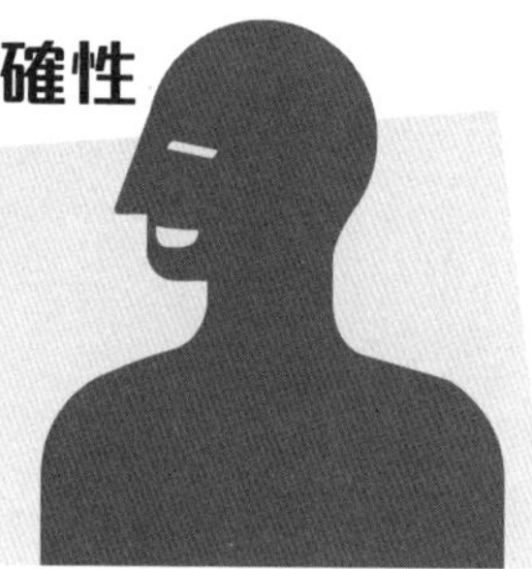

第三步：

用正面的自我對話來代替負面的對話

有時候，我們習慣了負面的自我對話，一下子要建立積極的想法並不容易，可能要多花心思和意志力。以下是一些幫助你建立積極想法的心得：

1. 在卡片上寫下自我鼓勵的說話，例如：「只要我努力，我會做得到！」或是一些對自己的提示，例如：「抬頭、微笑，充滿自信的向前行」、「注意說話的聲調」等。當你需要指示時，就看看這些卡片。
2. 隨身携帶一、兩件能夠提醒你積極思想的小物件，例如手錶、頸鏈、書籤、卡通卡片等，以便你隨時可以看到。
3. 把提醒自己的標語貼在當眼地方，例如浴室鏡面、冰箱門上。
4. 把手機設定在整點時間（如早上 9 時正、10 時正……）發出聲響，持續一整天，每當響鬧時默念自我鼓勵的說話。這是一個積極的心理提醒訊號。
5. 選擇一、兩個你信任的親友，把你希望建立的積極思想告訴他們，並請他們常常提醒和鼓勵你。

自助練習
你的自我對話

- 你常用的自我對話是什麼？是建設性還是破壞性的呢？

- 你的負面自我對話通常在什麼情況下出現？這些自我對話對你有什麼影響？

- 我決定用以下的方法來提醒自己，要有積極的思想和自我對話：

改變負面想法

不愉快事件是：______

▼

我的負面想法是：______

▼

這種負面想法令我產生______的情緒。

▼

保持這種負面想法的：

好處	壞處

這樣看來，我應否保持這種負面想法？______

▼

我可以用（請寫上新的想法）______

______來取代這種負面思想。

▼

這種新的想法令我產生______的情緒，

所以我應該（不應該）保持這種新的想法。

▼

想法的改變，對我的幫助是______

2.思想紀錄表

日期、時間	事情經過	當時我對事情的想法
7月6日下午6時	朋友遇上困難，我向她提出意見，她不但沒有感謝我，還說我煩擾着她。	她不尊重我，認為我無用。

當時的感受或情緒（1-10指數：1是最輕度；10是最嚴重）	對事件有另一個想法	換了這個想法後的情緒（1-10指數：1是最輕度；10是最嚴重）
激氣（8）、不開心（7）	她因為太擔心自己的困難，所以表現煩躁；她不是針對我。	輕鬆（5），但仍有少許不開心（4）。

第九章
鑽牛角尖思想與深層信念

- 你有鑽牛角尖的想法嗎？
- 挑戰你的深層信念

很多歪曲、不合理的即時想法都與我們的性格和成長經驗有關，某些性格和成長經驗容易引往鑽牛角尖思想，當事人通常不會察覺，但旁人就看得一清二楚。我們愈鑽牛角尖，愈會脱離現實，思想變得偏激，情緒愈受困擾，導致惡性循環。你可檢查自己有否犯上以下這些錯誤：

一、灰色眼鏡 (Negative Filtering)

這種思想使我們「放大」和「加深」事件的嚴重性。當我們只集中於事情的壞處，而忽略了事情美好的一面，我們便容易感到沮喪、憂慮、煩躁不安。例如有些人對被拒絕特別敏感，卻忽略了其他人依然接納自己；有些人只回憶自己失去時的痛苦，卻忽略了自己仍擁有很多好東西。

例子：「我想我是不會成功的，我一向都是這樣失敗。」

二、非黑即白 (All-or-none Thinking)

持非黑即白思想的人，常常把事件看得極端，認為凡事只有兩個可能性：對或錯、好與壞，沒有灰色地帶。這種兩極化的思想傾向把事情看得簡單化，不喜歡含糊的現實，只想找絕對的答案。這種思想影響我們對自己及別人的評價，不容許自己或他人有犯錯的機會，使我們不斷怪責自己或他人，陷入情緒困擾之中。可是，日常生活中犯錯是無可避免的。

例子：「不成功便成仁，我非要成功不可，否則我就是個徹底的失敗者。」

三、以偏概全 (Overgeneralization)

思想以偏概全的人會以單一或幾件同類事件而對其他情況作出相同的結論。例如，因一次與朋友不愉快相處的經歷，便給自己下定論，覺得自己不能跟任何人愉快相處。這種鑽牛角尖思想使我們的生活空間愈來愈狹窄，在很多不必要的定論下生活，剝削了我們獲得快樂的機會。思想以偏概全的人運用很多「從來不會」、「一定是這樣」、「永遠都是這樣」等過於肯定的字眼。

例子：「我經常被人欺負，我永遠都不會再相信任何人。」

四、把事件嚴重化 (Catastrophizing)

思想永遠往最壞的方向走。如果我們把事件嚴重化，便會認為壞的事情必然發生，並且反復思想最壞的結果，説話中充滿了「可是」、「如果」這類字眼，一次普通的頭痛也會被想像成非常嚴重的腦毛病。

例子：上司給你一封信，你即時想到：若然這是一封解僱信，那怎麼辦呢？

五、個人化 (Personalization)

思想「個人化」的人，會把身邊不愉快的事情跟自己扯上關係。例如見到家人不開心，你認為是自己做錯了事而引起的；當朋友訴說近來很忙，你便認為他不想跟你來往。

「個人化」思想使我們經常跟他人作比較，懷疑自己的價值。假如我們覺得自己比別人差，我們的情緒便容易陷入焦慮和沮喪之中，覺得自己一無是處。這種思想使我們對人過分敏感，對自己過分自責，產生很多不必要的痛苦。

例子：「她說話時沒有向着我，一定不當我是她的朋友。」

六、感情用事 (Emotional Reasoning)

這類人相信自己由感覺引申的結論是正確的。例如，如果我「感到」內疚，我一定是做了錯事；如果我「感到」憤怒，我一定是被人利用了。然而，我們的感覺不一定是正確的。感覺往往是自己思想的結果，如果我們鑽牛角尖，感覺便被歪曲，不能告訴我們真實的情況。

例子：「我覺得很緊張，今次一定是大禍臨頭了！」

七、強加思想於他人 (Mind Reading)

「強加思想於他人」是在沒有充分證據時，認為自己能夠完全掌握別人的想法，憑着對別人行為的直覺（特別是他們對我們的反應）妄下結論。這種思想使我們不肯再用心聆聽別人，結果造成人際關係疏離，增加我們受情緒困擾的機會。

例子：「他這樣做，一定是因為他很嫉妒我。」

「他不肯開口跟我說話，一定是不喜歡我。」

八、墨守成規 (Shoulds)

墨守成規的人認為任何跟自己想法不同的事情，都是「錯」的，於是做事或與人相處時缺乏彈性，增添很多無謂的限制，產生很多令人不能忍受的情況。我們不單用這些「墨守成規」的思想去批評他人，同時也以歪曲的想法來批評自己，加深自己的情緒困擾。通常，這種思想以「應該」的姿態出現，如：「你應該……」、「我應該……」或者「事情應該……」。這些「墨守成規」的想法往往是固執、不合時宜、不切實際的，為你帶來的痛苦比好處更多。

例子：「凡事都應該做到十全十美。」

「我應該做得更好的。」

「我一定要令每個人都接受我。」

九、執著於控制 (Control Fallacies)

這類人覺得一定要完全控制環境，不能讓任何失控的情況出現，否則就覺得沒有安全感。這種人需要操控生活的一切，包括家庭、工作、時間的安排、自己及別人的想法及情緒等。這種思想會使我們身心疲累、神經緊張，容易產生人際衝突。

例子 :「你遲到是不可容忍的，你可知我已白白浪費了十分鐘在等你！」

十、執著於公平 (Fallacy of Fairness)

這類人執著於現實生活中公平的問題，在人際關係中，我們很易覺得自己置身於不公平的情況，增加不滿和憤恨的情緒。可是，每個人對於「公平」都有不同的看法，很難找到一致和絕對的立場。

例子：「如果他真的覺得我重要，便應常常打電話給我。為何我對他付出那麼多，他竟然如此冷漠對我。」

假如你發現自己有以上鑽牛角尖的思想，不用太擔心，你可以運用上一章的方法，挑戰這些錯誤的思想。很多人學會挑戰自己鑽牛角尖的想法後，大大減少出現負面情緒的情況。其實，能夠清楚辨認自己是否擁有這些鑽牛角尖的思想，已經是一大進步，足以提醒自己不再鑽牛角尖了，所以能夠熟習上文列舉的各類思想傾向至為重要。

自助練習

鑽牛角尖思想

請你仔細檢視自己有沒有以下鑽牛角尖思想：

	我從不會有這種想法	我很少會有這種想法	我偶然會有這種想法	我時常會有這種想法
1.灰色眼鏡	1	2	3	4
2.非黑即白	1	2	3	4
3.以偏概全	1	2	3	4
4.把事件嚴重化	1	2	3	4
5.個人化	1	2	3	4
6.感情用事	1	2	3	4
7.強加思想於他人	1	2	3	4
8.墨守成規	1	2	3	4
9.執著於控制	1	2	3	4
10.執著於公平	1	2	3	4

思想挑戰

處境一

你為了處理公司的工作，每天除了加班外，放工後還帶文件回家繼續工作。在工作檢討會上，你上司不斷稱讚一位同事工作勤快，辦事效率高，不用額外超時工作就能完成每天的工作，是公司「員工資源增值」計劃的好榜樣。

你聽後很不開心，深深不忿：「老闆分明指我欠缺工作效率，刻意把工序拖慢完成，從而賺取加班工錢。若要說我的不是，應直接跟我說。老闆假裝讚賞他，其實卻在貶低我。」

在整個檢討會中你沒精打采，往後的一星期，你拒絕加班工作，積壓了很多未處理的文件。

討論問題

1. 你認為主角的想法合理嗎？他哪些想法是有實質的證據支持？哪些想法欠缺證據支持呢？

2. 你覺得主角的想法如何影響他的情緒反應？如何影響他的行為反應？

3. 如果你是他，你會有怎樣的想法呢？

思想挑戰

處境二

你每天的工作都十分忙碌，今天因為懸掛八號風球，所以你不用上班。難得有一天假期，外面的天氣不算太壞，你立即打電話給好友阿明，很想約他看一齣電影，但他說沒有興趣，拒絕你的邀請。

你在家中覺得十分無聊，於是外出逛逛。在街上，你無意中見到阿明和你另一位好友在逛街。你感到很沮喪，也有點生氣，心想：「叫你看電影就推掉我，你們出外逛街也不預我一份兒，定必想排擠我。我知道你們都不喜歡我，自小已沒有人喜歡我……」你愈想愈傷心，幾乎想哭出來。

討論問題

1. 你認為主角的想法合理嗎？他哪些想法有實際證據支持呢？又有哪些想法毫無根據呢？他可能有哪種鑽牛角尖思想呢？

2. 你覺得主角的想法如何影響他的情緒反應？如何影響他的行為反應？

3. 如果你是他，你會有怎樣的想法呢？

挑戰你的深層信念

假如你想徹底了解自己的情緒反應，單靠檢視自己所持的即時想法和鑽牛角尖思想仍是不夠的，因為有時我們並不能合理地解釋自己的即時想法或情緒反應，常見的情況有兩種：

- 情緒反應的強烈程度遠超過合理水平，即其強烈的程度與事情本身不成正比。例如，你邀請一位朋友外出，但對方臨時爽約，你感到憤怒莫名，不接受對方解釋，發誓以後都不再見這位朋友。

- 對某件事情的即時想法完全與事實不符，極有先入為主的偏見。

以上兩種負面情緒反應和即時想法背後，極可能表示深層信念潛藏了問題，是故不同的人對同一件事有不同的即時想法。

創立認知心理療法的大師貝克指出，深層信念就是我們在成長經驗中，特別是在童年時代，不知不覺間從經驗中歸納出來的觀念，這些觀念大多是直接或間接與我們的父母和家庭經驗有關。每個人都有自己的深層信念，很多時是不自覺的，卻影響我們應付現實的情緒和行為反應（見圖一）。

圖一：情緒反應受深層信念影響

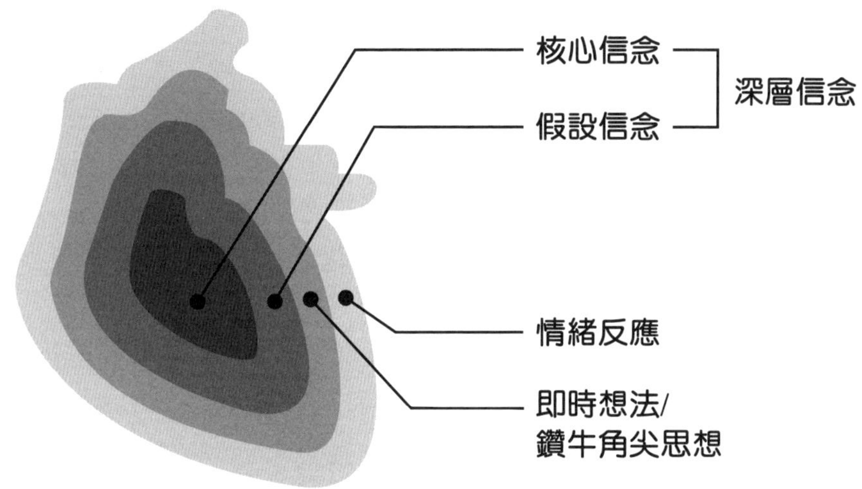

一些常見的深層信念包括：

「我要做到人見人愛。」

「我一定要凡事悉力以赴，才能成功。」

「世界是不公平的，無論我怎樣努力也是徒然的。」

「我是個失敗者，做什麼都不成功。」

「我是個不可愛的人，沒有人真的喜歡我。」

仔細來看，深層信念又可分為兩類：假設信念和核心信念。

一·假設信念 (Conditional Beliefs)

這是第一層的深層信念，是以「假如……就……」的形式出現，稱為「假設信念」。假設信念又分積極的和消極的兩種假設想法。

積極的假設想法是：「假如（我做某些事情），我就（會有好的結果）。」譬如：假如我悉力以赴，我就一定獲得成就。

消極的假設想法剛剛相反：「假如（我不做某些事情），我就（要面對壞的結果）」。譬如：假如我不去討好別人，別人就會不喜歡我了。

假設信念往往主宰我們的即時想法，涵蓋性和普遍性很廣泛。譬如我有以上那個討好別人的假設想法，當同事或朋友批評我時，我很容易就會想：他一定是不喜歡我了！接着就會產生負面的情緒。

這是由於過去的經驗影響，導致我們所持的假設信念往往過於僵化和絕對化，不合乎現實。雖然假設信念可以產生許多問題，但也有其價值。基本上，假設信念是因果關係的思考，幫助我們了解和預測事情的發展，以增強我們對現實的掌握能力。這種「假如……就……」的推測方式是我們生存的必備智慧，能幫助我們做出正確決定，取得最大的好處，也可避免出現最壞的情形。

二．核心信念 (Core Beliefs)

第二類的深層信念比剛才的假設信念更為重要，稱為「核心信念」。核心信念通常與我們的自我觀念和世界觀直接相關，就是我們認為自己是個怎樣的人，以及對人生的基本看法。設若核心信念是一棵樹的樹根，假設信念是那棵樹的樹幹，而即時想法就是樹枝了（情緒反應也可以理解為果子），樹根的狀況當然會影響樹的生長（見圖二）。不難想像，核心信念都會直接影響我們的假設信念和即時想法。這些核心信念通常環繞三種基本關注，它們是：

1. 關注：成就感 (Achievement)

很多人的自我觀念與個人成就扯上關係，覺得人生最重要的事情是取得成就，失敗和一事無成是最沉重的打擊。這些人把自我價值押在自己的成就上，衍生出來的假設想法就會是：「假如我一事無成，就是廢人一個了。但假如我有成就，我的人生就美滿了。」這種自我觀念通常跟父母對我們的期望有關，父母可能對我們的成就有很高的期望，喜歡把我們跟其他孩子比較；又或者我們感到被父母忽略，希望藉卓越的成就來重奪他們的注意和認同。注重成就感的人，很可能是個完美主義者，對自己的要求異常高，把無比的壓力加諸在自己身上。

2. 關注：被認同感 (Acceptance)

第二種核心信念是渴望得到認同，這類人認為被拒絕或不被認同是人生中最痛苦的事，是不能忍受的，所以對別人的反應非常敏感。他們的一切努力，無論是工作上或人際關係上，最終都是為了得到認同。這些人其實極之缺乏安全感，可能在童年時不能得到父母的寵愛和接納，所以長大後極渴望彌補這份遺憾。他們的假設想法是：「假如我得不到別人的接納和認同，那我就不會有快樂的了」或是：「假如我努力賺取別人的接納和認同，我就嚐到幸福」。這些人的性格通常都是討好型，在人際關係中比較敏感，而且情緒容易受人影響。

3. 關注：掌控感 (Control)

第三種核心信念是對環境的掌控。擁有這種信念的人十分渴望能夠完全把現實控制於股掌之間，視意外為一種嚴重的威脅，甚至是個人的失敗。這些人大多在年幼時十分缺乏安全感，生活也許經歷過突變，以致他們極度渴求安定和掌控的感覺。他們可能是傾向焦慮的人，所以需要透過完全的控制來減低內心的焦慮。他們的假設想法是：「假如我不能控制環境，那我就會隨時遇到不能應付的危險或威脅的了」或是：「假如一切都在我掌握之中，那我的人生就是安全的了。」顯而易見，安全感是這類人的最終關注，也是他們的人生目標。

每個人都有自己的核心信念。以上三種核心信念並不互相排斥，可以在同一個人身上出現，但大多數人都有一種比較明顯的核心信念。認識自己的核心信念很重要，是深入了解自己的不二法門，因為這些核心信念主宰我們思想、情緒和行為。當我們了解自己的核心信念後，就應作一個利害關係的分析（Cost-benefit analysis），權衡這些核心信念對我們的好處和壞處。一般而言，絕對化和執著的信念比較容易衍生心理問題，靈活和因時制宜的信念卻可使我們更能應付現實環境，管理好自己的情緒。

以上三種常見的核心信念若因應得宜，互相平衡，則不成問題。若過分執著任何一種信念，並視為生命的唯一推動力，或是自我價值的根本，那就很容易成為自己信念的囚牢，局限自己人生的發展和幸福。最後，執著於成就感的人很可能變成「工作狂」，不懂平衡和享受生活；執著於被人接納的人很容易變成了「好好先生」，迷失真我；執著於掌控感的人則會變成「緊張大師」，適應轉變的能力很弱。出現這些情況，往往由童年時基本的心理需要沒被滿足，或過分滿足導致。

你的人生基石

不要誤以為核心信念都是有問題的，其實核心信念是人生中不能或缺的方向盤和指南針，重要的是透過自我反思和淨化，認識自己的深層信念（核心信念和假設信念），便能正確地滿足自己的需要，同時能應付現實活出真我。

健康愉快的情緒，其實有賴正面積極的核心信念。持守這些信念能助你承載壓力，駕馭風浪，迎接人生種種挑戰。所以聰明的你，應多為自己尋找和建立基本人生信念，這是你生命的磐石和堡壘。有效的核心信念如：

「我本身是個有價值、獨特的人！」

「只要我盡力去做，人生自有其精彩處！」

「生命是寶貴的，我不應浪費生命！」

圖二：核心信念圖

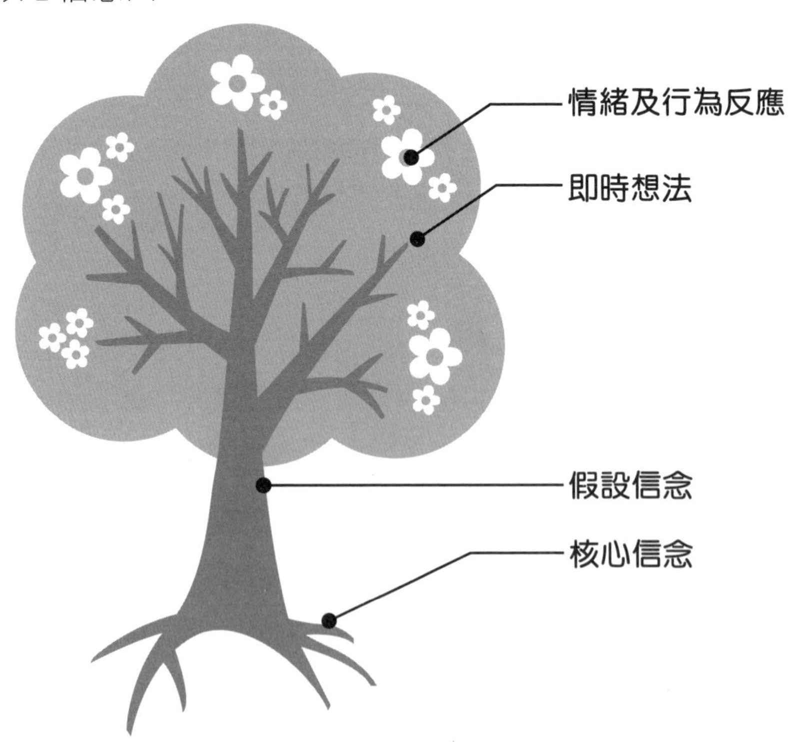

- 你能說出自己的人生核心信念嗎？試寫下你三個最重要的核心信念：

  1.

  2.

  3.

- 若你要增強自己的核心信念，你會如何入手？有何具體方法？

- 別人可從你的行動表現中認識你的核心信念嗎？

第十章

積極思想策略

九種練習積極思想的方法

人生確有許多的幸與不幸，順流逆流，面對這些事情，我們的信念和想法就起了決定性的作用。同一個處境，不同的人有截然不同的反應。其實，消除負面思想和建立正面思想是互相補足，互相平衡的，缺一不可。本章會學習培養積極樂觀思想的策略，你可先反問自己：到底你願意做個悲觀消極的人，還是樂觀積極的人呢？

積極思想揭秘

面對人生種種挑戰和困難，不論是失業、患病、離婚或親人離世等等，應如何積極面對呢？積極的思想到底是指什麼呢？

簡單地說，就是用正面的角度去看事情，相信自己可以：

1. 從這件事情中得到益處。

2. 從這件事情中找到意義和價值。

3. 藉着自己的力量或他力把事情處理得妥當。

4. 對環境或事情具有掌控的能力。

5. 從樂觀的角度去看事情的發展和結果。

6. 從這經驗中變得更成熟和有智慧。

當然，「這件事情」包括我們所謂好的和壞的事情、幸與不幸的事情、順境和逆境的事情。積極思想是駕馭人生風浪所必備的船舵，是生命之船航行時所必需的。

積極思想和消極思想的分別在哪裏呢？影響有多大呢？從下面的比較中你可看到一些端倪：

積極思想	消極思想
提高我們的信心	減低我們的信心
給予我們盼望	不能給予我們盼望
推動我們採取行動	阻礙我們採取行動
看見事情很多的可能性	看不見事情的可能性
堅定我們的意志和決心	動搖我們的意志和決心
擴闊我們的視野	收窄我們的視野
增加我們的想像	減少我們的想像
幫助我們解決問題	阻礙我們解決問題
使我們心情愉快	使我們心情低落

你願意選擇積極還是消極的思想呢？也許你會提出疑問：「我真的有選擇嗎？我可以只選擇積極而不選擇消極思想嗎？由得我控制的嗎？」可以的，只要透過訓練，你就可運籌帷幄，掌管自己的思想了。

積極思想策略

不斷練習以下的思想方法，直至你能駕馭自如為止：

一．每天抉擇

每天早上起牀首先問自己，今天想積極的享受一切，包括不順意的事情，抑或選擇消極地過這天呢？每天清早你都有機會去選擇自己的心態。

二．改寫自我句子

每當浮現那些消極負面的想法時，你可以用正面積極的語句取代那些負面的語句，改寫自我的句子很奏效的，例如把「我一定不能解決這問題」改為「我可以嘗試不同的方法解決這問題」；把「沒有人會喜歡我」改為「有些人會不喜歡我，但也有些人必會喜歡我；何況自己喜歡自己不是也很好嗎？」

三．正反兩面

凡事都從不同的角度去看，要堅守一個信念：凡事都有正反兩面的，甚至是多面的，只要我們堅守原則，相信我們一定可以尋找到事情正面的意義，那積極思想也不是很困難的。例如，我們可有以下的看法：

1. 把「困難」變成「挑戰」；

2. 把「失去」變成「珍惜現在所有的」或「曾經擁有」；

3. 把「逆境」變成「考驗」、「學堂」或「黎明前的黑夜」；

4. 把「無助」變成「放開」、「放下」。

四．欣賞角度

這是現代人失落的藝術之一。我們很容易看到事情的陰暗面、壞處，很容易落入埋怨的圈套之中，但欣賞的眼光看到截然不同的世界。近年我們的社會怨氣甚重，若能從欣賞的角度去理解事情，心態自然可變得積極起來。

欣賞的能力是需要培養的，要懂得欣賞，就先從接納和從美好的方面去看，着眼發掘潛質和優點，並且要用心仔細去看，才能看到。欣賞也是從平凡中看到不平凡，不會把凡事看為必然的。抱着一顆赤子之心，嘗試以第一次接觸的心態去看每件平常事，自能發現新大陸，在平凡中窺見奇妙。

請你用首次發現的心情去觀看四周的事物，或到郊外走走，細心觀賞花草樹木，領略大自然的奇妙美麗，回味人生中各樣的奧妙。當你戴上「放大鏡」時，你就能清楚看到世界中即使最微小的，也是奇妙無窮的。

五．失去的藝術

積極思考的人也會遭遇不如意的事情，例如失業、失戀、患病、親友去世等，但他們以不同的態度面對。當然，「失去」不一定指外在的人或物，也包括內在的，例如失去自尊、自信、安全感等。消極思想的人很易會被失去的經歷所打垮，變得消沉、沮喪，甚至抑鬱，但積極思想的人能明白得失是人生難免的事，懂得如何放手、接受所失去的。他們會運用以下的想法來面對生活：

1. 曾經擁有總比不曾擁有好。
2. 美好的回憶在我的腦海中是永遠不會失去的。
3. 有失亦有得，有危亦有機，這次失去也可帶給我一些成長的機會和經驗。
4. 我能夠感受到痛苦，表示我仍然活着，這比沒有感覺或沒有生命的好。
5. 這次的失去有它的特殊意義，在我的一生中有它的位置，我要繼續尋找它的意義和啟示。
6. 當一扇門關上之後，若我不放棄尋找，一定會發現另一扇開啟了的門。

懂得失去，才會珍惜眼前一切。正如生命有完結的一天，我們才會更珍惜有限的光陰。其實，我們由呱呱落地那天開始，已經注定面對不斷的失去。印度有一個傳說，那些捕捉猴子的人只要把食物放在一個特製的箱子內，當貪吃的猴子伸手入箱，抓滿食物之後，牠的手就不能抽離箱子那狹窄的洞口，即使獵人一步一步地接近，牠仍不放下那些食物，結果就成為獵人的囊中物了！這故事如實描述了我們不懂得放手的後果。若我們想做聰明的猴子，就要學懂放手，接納失去的藝術了。

六．專注於可行的事情

積極思想另一個特色就是把思想專注於可行的事情上。很多人憂心忡忡，時常擔憂一些自己不能控制的事情，例如社會的經濟環境、別人的反應等，只會令自己更缺乏自信和安全感。但積極思想的人懂得把注意力集中在能力範圍內的事，不去多想能力範圍以外的事，不會浪費時間和精神在無結果的事情上。所以遇到困難時，積極的思想是專注於可行的事情上，才是應付問題的最好方法。心理學研究顯示，一個人面對壓力困難時的掌控感是非常重要的，掌控感是在乎我們相信自己有能力處理控制範圍以內的事情，這並不包括我們控制範圍以外的事情。

七．理解事情的因果

心理學家沙利文是研究樂觀情緒的權威，他認為性格樂觀和悲觀的人通常對發生在他們身上的事情，特別是一些困難或失敗的遭遇，有不同的解釋，這些解釋有三種特徵：

1. 悲觀的人傾向視困難或失敗的經驗為自己所造成的，自己要負上全責，容易自責。相反，樂觀的人傾向視這些經驗由很多不同因素造成，部分可能與自己有關，但有部分是外在而非個人的因素。這種解釋不會產生過分自責和沮喪的情緒。

2. 悲觀的人傾向把一次的失敗視為永遠、不可逆轉的失敗，把逆境視為永久不變的處境，容易灰心。相反，樂觀的人傾向視逆境為短暫的，是會過去的，相信順境最終會來臨。

3. 悲觀的人傾向從某方面的失敗推論到自己全面的失敗，容易自卑。反之，樂觀的人會視一次失敗為個別例子，不會以偏概全，相信每次的挑戰都是獨特的；今次失敗了下次仍有機會繼續嘗試，不輕易放棄。

這樣歸因的思考方式，是樂觀積極性格的人的特徵。很明顯，這樣的因果思維可以令我們保持樂觀和希望，並促使我們更有動力去克服困難，努力向前邁進，相信最後的勝利是可以達到的。相反，思想悲觀的人就會認定挫折是不會逆轉的，把自己在一方面的失敗視為全盤失敗，把所有的責任揹在自己身上，不能客觀分析失敗的外在因素；給果打擊了自己的鬥志和耐力，失去自信，容易放棄和灰心，造成惡性循環。

八 · 訂定具體可行的目標

積極思想的人是腳踏實地的，不會空談理想，會為自己訂立一些具體可行的目標和實行方案，然後循序漸進地實現計劃，並且在完成一個目標之後懂得讚賞或獎勵自己，提高自我形象和自信，滿足自己的成就感，這樣才可以為自己製造更大的動力邁向更高遠的目標，這都是積極思想的特色。所以，積極思想的人都能在目前和未來之間取得較佳的平衡，不會只滿足於現狀而失去奮鬥的動力，亦不會因未達到目標而感到沮喪。

九 · 堅持信念，直至成功

也許你會覺得以上的建議知易行難，成功的確要付出代價，但最重要的是你能堅持正面積極信念，不輕言放棄。思想模式是一種習慣，所以你不單要有明確的積極人生的信念，更要經常提醒自己，特別是當你遇到挑戰的時候。上一章提到人生的核心信念的重要性，若你能堅持和運用你的信念，你的思想模式和即時想法會漸漸變得正面樂觀起來，不會輕易掉進負面思想的網羅中。

請把以下的負面思想改寫為正面的想法：

自助練習

改寫負面消極思想

1. 消極思想：五十歲才被公司裁了出來，我這個年紀已沒有人聘請的了，我完蛋了！

   積極思想：

2. 消極思想：經醫生診斷，證實我患了癌症，生存機會只有一半左右，我死定了！

   積極思想：

3. 消極思想：結婚三十年，想不到配偶竟然有婚外情，並且還要離婚，我想不到以後的日子要怎過！

   積極思想：

情緒處理篇

第十一章
如何化解焦慮情緒

- 焦慮症的特徵
- 焦慮性格測試
- 化解焦慮的秘訣

壓力帶來的焦慮

每個人在日常生活中都會面對一定程度的壓力，但每個人應付壓力的方法各有不同。面對壓力，有些人會感到憂慮，時刻都將某一事情記掛於心，不能放鬆。可悲的是，憂慮只反映一個人對事情的緊張，重複的思想對解決困難來說沒有太大幫助。假如憂慮的感覺沒有得到妥善的處理，它很可能令你產生抑鬱、內疚甚至是恐慌的情緒。

那麼焦慮又是什麼呢？焦慮是一個心理學用詞，它代表心理上的一種不安、緊張，甚至是害怕的感覺。焦慮情緒多反映於身體上，例如患者會感到胃痛和呼吸不暢順等。焦慮和憂慮的主要分別在於思想的緊張程度、頻密程度和緊急程度；前者較為嚴重。

具體來說，焦慮是我們對壓力和潛在危險的自然反應。焦慮在保護自己方面扮演一個很重要的角色。它是我們與生俱來的警報系統，扮演一種觸發的機制，讓我們能意識到危險的可能性，促使我們體內的荷爾蒙和肌肉產生反應，讓我們提高警覺，作好逃離或保護自己的準備。所以，焦慮可說是對假設的環境作出的預防反應，帶有正面的保護作用。儘管焦慮為我們帶來正面的保護作用，過分的焦慮也可以成為一個嚴重問題，甚至演變成焦慮症。

焦慮的問題通常在於：

1. 對環境作出錯誤的評估，誤以為真的有危險存在。
2. 想像很多「可能」的可怕情景，好像自己能預測未來一樣。
3. 重複在腦海中出現危險的情景，揮之不去，不受控制。
4. 對危險的威脅作出過分強烈的反應，過度驚慌、衝動地做出不利自己的行為。
5. 身體產生強烈的反應，例如心跳、暈眩、肌肉繃緊等，漸漸變成不受控制。

焦慮症的特徵

焦慮症不止是情緒緊張這麼簡單，它更會全面地影響我們，包括情緒、行為、身體及思想等方面。以下是一些焦慮症較普遍的徵狀。要注意的是，並非所有徵狀都會同時出現，徵狀的嚴重程度也因人而異。即使是同一個人，在不同時間出現的徵狀及其嚴重程度也會不同。

一·情緒方面

·感到擔憂和緊張

- 心煩意亂
- 焦躁不安

二．思想方面

- 不能集中精神
- 記憶力下降
- 失去自信心
- 思想內容偏向消極

三．身體方面

- 心跳、心悸
- 血壓上升，容易感到頭暈
- 流汗
- 四肢乏力，容易感到疲倦
- 失眠
- 消化能力下降，可能有肚瀉或便秘
- 呼吸急促
- 肌肉緊張和疼痛、身體顫抖
- 尿頻

四．行為方面

- 工作效率降低
- 坐立不安
- 工作／活動（手勢、步行、說話等）的速度加快

自助練習

焦慮性格測試

某些性格特別容易引致焦慮情緒，這些性格通常由童年時開始逐漸形成，對當事人來說，這些性格沒有什麼不妥之處，但旁觀者很容易看到問題所在。請在下列的性格特徵旁填上自己的分數（0-10），0代表完全沒有相似，10代表非常相似，以評估自己的焦慮性格。你的分數愈高，愈有可能屬於焦慮性格的人。

1. 完美主義：凡事都想做到最好、十全十美。
2. 自我要求過高：對自己有太多和太高的期望和要求。
3. 心急：想在最短時間內做最多的事情，永遠與時間競賽，永遠覺得在追趕，不夠時間運用。
4. 害怕出錯：凡事小心翼翼，怕犯錯，害怕犯錯帶來的結果。
5. 着緊別人的評價：常想討好別人，希望做到人見人愛，害怕別人的批評和與人衝突。
6. 過分自責：經常着眼自己的缺點和問題，常以為失敗是自己的責任、一手造成的，不放過自己。
7. 悲觀：凡事都往壞處去想，憂慮最壞的方面，將後果誇大。

焦慮的思想模式

產生焦慮或緊張的情緒源於我們負面地評估環境，認為存在危險或威脅（問題評估）、想像或預測自己沒有能力應付（自我評估），預期最嚴重或最壞的後果。引起焦慮的常見即時想法包括：

一．問題評估

「這次慘了！這件事真棘手！」

「這次我真正遇到大麻煩了！真倒霉！」

「不得了！今次我一定出醜了！」

二．自我評估

「我快暈倒了！我應付不來的呀！」

「怎麼辦呀！我不知怎樣做！我真的無用！」

「我真的無用！我不可能解決這難題！我只有坐以待斃！」

三．對後果的預測

「這後果太恐怖了！我這次死定了！沒有希望了！」

「我完了！我一定不能從這次挫敗中站起來。」

當我們感到焦慮時，我們的「自我對話」很多時會用以下的形式出現：

「假如（壞事發生），我就（慘了或應付不來）。」

當我們專注於這種自覺可怕的假設時，我們會自然變得緊張起來。因為我們專注的只是「萬一」這種情況出現的話，後果是如何的可怕，卻忽略了這種「萬一」的可能性其實很低。即使發生了「可怕」的事，我們也不一定會崩潰，無法應付啊！在焦慮中我們往往低估自己的能力。只要提醒自己，並以較客觀正面的想法去面對難題，心情自可放鬆得多，問題也就容易解決得多了。

圖一：焦慮或緊張情緒的產生

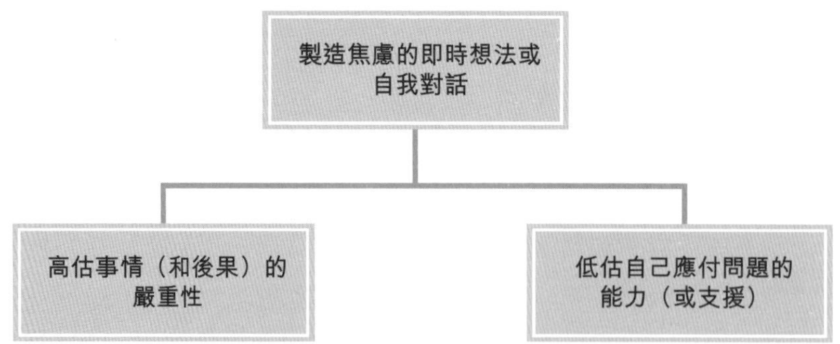

化解焦慮的秘訣

圖二：化解焦慮的秘訣

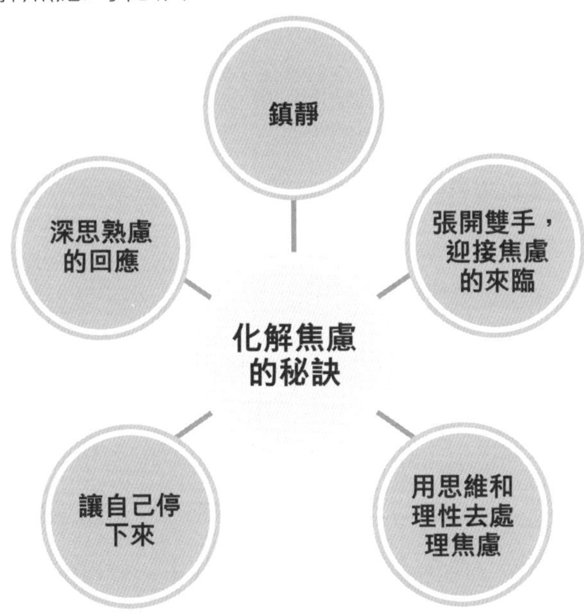

一．鎮靜

要化解焦慮，第一步是要鎮靜。雖然焦慮的感覺令你感到非常不適，但請別害怕這種感覺。因為你愈害怕就會愈辛苦，而且可能做出對自己不利的行為。

二．接受

張開雙手，迎接焦慮的來臨。不要試圖阻止這種感覺出現，因為你大多數會失敗的。正如你現在叫自己不要去想像一頭粉紅色的大象一般，大象的影像會自然而然在你的腦海中出現。壓抑情緒並非處理情緒的最好方法，而且往往適得其反。

三・理性

既然我們阻止不了焦慮念頭的來臨，就得學習怎樣調控它了。簡單來説，我們要用思維和理性去處理焦慮的情緒，要拒絕賦予它支配我們的力量，我們要做它的主人而非奴僕。

四・停頓

在控制焦慮的過程中，我們需要片刻的「停頓」，即是不按本能的衝動去回應焦慮的感覺，學習讓自己停下來；即使是一秒鐘也好，讓自己大腦的皮質（大腦中主宰思維的部分）可以發揮作用。短暫的停頓可讓你作出理性的思考、適當的回應。

在這過程中，我們必須分辨反應（reaction）和回應（response）。反應是指我們對焦慮作出不經大腦思考的自然衝動反應，衝動反應往往會令我們陷入更痛苦的深淵之中，弊多於利。例如一感到害怕就立即逃避，結果問題只會愈弄愈糟。回應是我們面對焦慮時，經過暫停、理性的思考而作出的反應。這種反應不再是衝動和自動化的，而是經過深思熟慮而成的。回應和反應兩者之間的分別看似不大，但後果可以是天淵之別。能夠暫停和抽離，可以在創造出來的空間之中，客觀檢視內心的想法，並解除焦慮對我們的控制，這是很重要的秘訣。

在乎呼吸之間

也許你覺得以上減低焦慮的方法仍不足夠，尤其當你十分緊張的時候。要理性思考的確不易，方法也似乎非常抽象，那麼現在讓我們來學習一個很具體、簡單而有效的方法，就是呼吸！

雖然我們每時每刻都在呼吸，但我們絕少會留心自己的呼吸（除非你的呼吸出現了毛病或困難）。其實，呼吸是我們生存的基本要素，也是我們在焦慮情緒之中最直接有效的平靜鬆弛方法。

現在你立即試試這個呼吸方法：找一個舒適的地方，或坐或躺，然後慢慢的深呼吸。留心自己的一呼一吸，儘量保持放鬆、自然的感覺；不要刻意製造深呼吸或大力一吸一呼，而是自然、放鬆、放慢呼吸。當你吸氣時，你的腹部應該會微微脹起，呼氣時則微微收縮，你可將一隻手放在腹部的位置上感受一下。

在一吸一呼之間，你可稍作停頓，內心數三下，然後將氣呼出來。這樣，你就能呼出更多的氣，接下來亦吸入多些空氣。在呼氣時，你可以默默說「放鬆」，幫助自己真的放鬆。

現在回到處理焦慮的問題上。當焦慮的感覺突襲時，你可以將自己的注意力放在深呼吸上，暫停思想如何改變焦慮的念頭。轉移注意力可以使你的心境回復平靜，那你就可以用較為平靜的態度面對焦慮的問題，讓自己的頭腦發揮正面的思考能力。

客觀地全面評估

正如前面提過，留心自己的思想模式和傾向是情緒管理中很關鍵的一點，處理焦慮也是一樣。焦慮是因我們的負面詮釋在作祟，例如高估事情的嚴重性和可怕性，或低估自己的能力和實力。很多時，我們都會犯上鑽牛角尖思想的毛病（詳見第九章），譬如：

一·將事情嚴重化

這種負面的思想當然會叫人緊張焦慮起來，甚至可以引起恐慌的情緒反應。然而，在你過去的人生經驗中有多少難關是真的過不到呢？是否大多數時候都可以化險為夷，事情未如所憂慮的出現呢？我們需要提醒自己，改變把事情嚴重化的誇張想法，用較客觀冷靜的態度去面對問題。

二·個人化

很多時，我們遇到挫折、失敗或不明朗的處境時，都會怪責自己，覺得是自己犯錯才會造成這樣的局面。其實，一件事的發生源於很多不同的因素，自己的責任未必佔最重要的一席位。我們應該客觀、全面地評估各種因素，而不是單單怪責自己，製造焦慮的結果。

三·執著於控制

很多執著的想法都會帶來焦慮，對控制的執著尤其如是，因為現實中很多事情是在我們控制之外。若果我們堅持要控制一切才感到滿足或有安全感，焦慮的情緒就難免產生。能夠不執著、靈活變通及因時制宜是減低焦慮的最佳方法。

其他很多鑽牛角尖的思想也可以為你帶來焦慮，你可以想到其他的例子嗎？只要你能運用上文的扭轉思想方法去應付這些焦慮，就會感到有自信和輕鬆得多。當然，有些焦慮不是因鑽牛角尖思想而產生，是對現實環境的正常反應，那你就要儘量接納自己的情緒（詳見第二章），找出解決問題和減少焦慮的方法。

活在此刻的態度

古語有云：「居安思危」。但是，居安而過分思危是不切實際的。你喜歡活在自己虛構的思想中嗎？不會吧！朋友，現實一點，此時此刻才是最珍貴！

什麼是活在此刻呢？就是全神貫注於現在所做的每件事上，全心全意經歷和感受此刻。例如，當你吃飯時就專心吃飯，而不是想之前或之後要做的事。很多人吃飯時又看電視又不停地講話又思索下一刻將要做的事，這樣就連吃了什麼也不會清楚！

這種看似簡單的生活態度其實絕不簡單。在我們成長的過程中，我們漸漸養成「一心多用」或「三心兩意」的壞習慣。只要細心留意小孩的玩要情況，不難發現他們是多麼的全情投入，多麼專注於玩樂之中。我們需要的，就是回到孩子的樣式，學習這單純的功課，自會減少有害無益的胡思亂想，減少為明天而憂慮的無謂習慣。

如何掌握活在此刻的生活態度？你可以嘗試每天抽十分鐘，集中精神於正在進行的活動。例如當你吃東西時專心地吃，不要想其他的事，也不要評論食物的好壞，只是如實地品嚐它，體驗此刻的感受。

你可把這個專注的練習應用到任何事情上：用心去洗澡、用心去欣賞電影，好像此刻就是全部所有，忘記過去、忘記將來，這就是專注的真義。

只要你不斷練習活在此刻，便會發覺內心漸漸變得澄澈寧靜，不再雜亂無章。這看似簡單的練習其實是一項很大的挑戰。初開始時，你可能會覺得極之困難，但不要氣餒，用心去經歷內心的一切，寧靜就會自然產生。

當你專注做一件事情的時候，如果腦海中突然出現憂慮的念頭，切記不要即時批評判斷，更不要把標籤為「好的」或「壞的」。只要細心觀察它們的本質，然後將注意力帶回正在進行的活動之上便可以了（詳見第三章）。

焦慮的性格

面對焦慮的情緒，你可以運用以上的方法改善及處理。

假如你經常感到焦慮，甚至只是為了生活的瑣事而焦慮，那麼你可能受焦慮的性格所累。性格是受長期累積的經驗影響，需要較長時間和較多的努力才可改變。你可以反省自己的慣性焦慮是否與自己的核心信念有關，通常過於強調控制感的人對不確定的現實、沒有把握的事情特別容易焦慮。過分強調成就感的人則對可能失敗的情況特別緊張；而過分強調被認同感的人則對可能被人拒絕的情況特別擔憂。這些可能是你容易焦慮的原因，若然屬實，你就要儘量放開懷抱，不要執著於僵化的信念，多從不同和正面的角度去看待事情，這都有助於舒緩焦慮情緒。

- **現實生活中你有過分的焦慮反應嗎？通常是哪些事情令你感到這樣焦慮？**

- **你有哪些常犯的鑽牛角尖思想，令自己容易焦慮和擔心？你對現實和自己的評估是否中肯合宜，還是誇張失實呢？**

- **你有什麼有效保持冷靜的方法，放鬆自己的妙方？**

第十二章
如何走出抑鬱情緒的低谷

- 抑鬱症的特徵
- 走出情緒低谷的策略
- 計劃開心的活動

2010 年，抑鬱症將成為醫學上第二號嚴重的疾病。無論什麼年紀、階層、經濟狀況、教育程度的人，都可能患上抑鬱症。預防勝於治療，正視自己的抑鬱情緒，正確地處理它，可增強自己心理的免疫力，減低患抑鬱症的機會。

心情沮喪的原因可能是近期發生了什麼事影響你，或者只是短暫的情緒不好。但低落的情緒若處理不當，可能陷入抑鬱的惡性循環，變成連續性嚴重的情緒問題。只要你肯勇於面對問題，打破這個惡性循環，就可逐點改變，走出抑鬱情緒的低谷。

抑鬱是連續性的、嚴重低落的情緒，對個人可以造成嚴重的影響。我們要認清抑鬱的真相，並設法幫助自己走出這種情緒的低谷。抑鬱的情緒絕對可以控制和改變，但需要你無比的決心和一些智慧，並且一個強大的支持系統。較嚴重的抑鬱症是比較難處理的，你可能要尋求專業人士如精神科醫生和臨牀心理學家的協助。

抑鬱症的特徵

抑鬱症不單止是心情低落這麼簡單，以下是抑鬱症一些常見的徵狀。要注意的是，並非所有徵狀都會同時出現，徵狀的嚴重程度也會因人而異。即使是同一個人，在不同時間出現抑鬱症的徵狀及其嚴重程度也會不同。

一．情緒方面

- 心情低落、沮喪、空虛或絕望。
- 對平時喜歡的活動沒有興趣。
- 容易感到焦慮、憤怒或煩躁。

二．思想方面

- 很難集中注意力。
- 記憶力下降。
- 難以作出決定。
- 想法很消極和悲觀。
- 容易有自責的想法。
- 萌生自殺念頭，覺得生不如死或想傷害自己。
- 覺得自己毫無價值或感內疚。

三．身體方面

- 常常感到疲倦或沒有精力。
- 體重大幅下降或上升。
- 睡眠出現問題，例如難以入睡、半夜醒後難以再度入睡、很早便睡醒了。

- 嗜睡（比平常睡得更多），但睡醒時卻沒有精力充沛的感覺。
- 性慾減低。

四．行為方面

- 日常活動量減少。
- 提不起勁完成平時能輕鬆應付的事情。
- 避免與人接觸。
- 食慾暴增或暴減。
- 容易發脾氣。
- 容易無故哭泣。

認清抑鬱的面貌

抑鬱的情況往往有其生理、心理、環境和社會的因素影響。以下幾點特別要留意：

一．我失去了

抑鬱主要的成因是經歷失去我們所珍貴、所渴求的，不論是物質（如負資產）、關係（如失戀）、健康（如大病）、自尊（如失敗）。當遇到這些不幸的事情時，我們很自然感到傷心、沮喪，嚴重的可能變成抑鬱。面對這種情況，我們應先接納低落或沮喪的情緒，應接納自己和適當地宣洩這種情緒（例如找人傾談或寫日記），而非強加壓抑和否定，因這樣只會令抑鬱情緒變得更難化解。

二・我絕望了

抑鬱情緒往往與我們以負面眼光看自己和事情有關。戴上灰色眼鏡、將問題嚴重化、個人化、以偏概全等鑽牛角尖的思想都會帶來抑鬱情緒。抑鬱情緒同樣可以負面地改變我們對事情的想法，看任何事情都是灰色的、負面的。所以，當你發覺自己被困在抑鬱的低谷時，緊記你看到的很有可能並非客觀的真相，而是你被情緒所蒙蔽的想法，故此應當運用理性的思考去平衡過分負面的情緒。

三・我失去鬥志了

抑鬱的可怕，其一是它像一個黑洞，能把你的精力和所有的資源都吸了進去，產生惡性循環的負面現象。即是說，抑鬱的情緒可以令你失去奮鬥和解決困難的能力，以致問題不單無法解決，並且因抑鬱而起的問題（如失去動力和鬥志）可能會令情況更壞。漸漸地，你會有種被困或被捲入一個漩渦的感覺，彷彿作繭自縛，不能自拔。所以你要防止自己落入這種陷阱之中，必須儘早處理抑鬱情緒。

四．我無助了

抑鬱另一個可怕之處，就是它可以逐步減弱你原有的支持系統，令你變得更加孤單和無助。研究顯示，一個人的快樂與他有親密和正面的人際關係有莫大的關連。但當我們陷入抑鬱的情緒時，我們很容易想離開人羣，孤立自己，對社交生活失去興趣，或過分專注於自己而忽略別人的需要；又或者對親友存太大的期望，要求他們永遠無限量支持你。這些狀態自然會嚇怕那些原本想幫助你的人，令他們感到無比沉重。記住，你要儘量保持正常的人際關係和主動尋求支援。

抑鬱的正面作用

抑鬱真的那麼負面嗎？其實，抑鬱也有其正面意義：

一．改進的信號

抑鬱是一種信號，提醒你人生的某些方面出了問題，或者失去平衡，是時候減慢步伐，檢視自己的人生。若果你正視問題，並積極地檢討、改進，抑鬱是一個突破自己的機會，重新為自己的生活定位，再次踏上人生的旅程。

二・暫停的信號

你正走到人生一個重要的轉捩點，或正面對停滯不前的人生。抑鬱可能是你未準備面對挑戰的反應，所以你可視抑鬱為一個緩衝區，一個驛站，你可以停下來，檢視行裝中缺乏了什麼，充電補給一下，抖擻精神，然後才繼續上路。

三・療傷的信號

多年來，你被生活與工作壓下來，一直上路的你，可能受了傷也不知道，可是這一刻你被這些壓力壓得喘不過氣來。抑鬱的時候，你可以靜下來休養療傷，待養精蓄銳後繼續走你的人生路。

走出情緒低谷的策略

人的思想、情緒和行為密切相連，當任何一方受到抑鬱情緒的襲擊，其他兩方面也受到牽連。三者互相影響，表示我們只要改變其中一項，就可改變其他兩項，攻破這個惡性循環。

要打破抑鬱的惡性循環，便要從行動着手，繼而改變負面的思想和情緒。

一·接納自己的情緒

首先，我們要學習認識並接納自己的情緒，視為朋友般去了解它，才能更有效地運用自己的情緒，做情緒的主人。事實上，日常經歷中必然遇上情緒的高低潮，這才顯出多變和豐富的人生。情緒可以作為一個信號，告訴我們與現實狀況是協調還是衝突：情緒低落告訴我們現實並不如意，或正哀悼失去的痛苦，所以我們不用害怕或逃避低落的情緒。永遠不承認自己有情緒的低潮，其實是不必要和不健康的。

心情低落時，我們最好花些時間獨處，反思、捕捉自己內心的感受，清楚了解這些到底是怎樣的感覺；最好能夠用言語來描述它，有助我們準確地把握自己的情緒。有一點很重要的，就是要分辨自己的低落情緒是「正常」(合乎現實和情理的反應)，還是「不正常」(不合乎現實和情理的反應)。若果是前者的話，那就不用太擔心，當然我們仍要處理這種情緒——主要透過接納、宣洩和轉化。若果是後者的話，那就要更加積極的處理和調校這種情緒，不能任憑它控制我們的心志和行為。

二·積極進取的行為

面對抑鬱、低落的情緒，最重要的是我們仍儘量過「正常」的生活，不要因為情緒問題而退縮，或放棄日常生活中要做的事情。當然，心情很差時，短暫的避靜和休息是可以的，甚至是有益的，好讓自己能重新得力，但過分長期的退避行為則是不智的，很容易讓自己掉進惡性循環的陷阱裏，以致孤立和封閉自己。過分自憐、失去支持系統的聯繫都是很危險的信號，我們千萬別讓自己陷入這境地。

因此，我們應該儘量照常上班上學，做回自己的本分，即使效率受到影響，但這可免於入自憐的陷阱。此外，注意及保持身體的健康也極之重要，我們更要有充足的休息、營養和運動，這都有助我們改善抑鬱情緒。恆常的運動尤其有助提高正面愉快的情緒，因為運動可以刺激我們的神經中樞系統，釋放有利情緒的生化物質，例如安多酚（Endorphin）有助提升正面的情緒感覺。

三·向負面思想挑戰

很多時，抑鬱是由長期焦慮、憂慮和壓力累積而成的結果，事實上很多的焦慮和憂慮都與自己的負面思想有關。我們可再做自己思想的偵探，尋找鑽牛角尖的謬誤想法，以強力反駁方法重建新思維，並按新思維過積極的生活。

導致抑鬱情緒的最常見謬誤想法是「把事件嚴重化」和「灰色眼鏡」。其實，我們可以摒棄鑽牛角尖的謬誤想法，換個想法，轉個心情。(參考第八及九章)

要除去抑鬱負面的想法，我們就要用正面的想法來取代。正如成功戒煙的人多以嚼香口膠，或咬個空濾嘴來代替。因此你想扭轉抑鬱情緒，不能單告訴自己不向壞處想，請你換個較為正面的想法，這樣你的心情才會隨之轉好。

四．善待自己

最後，也是最重要的：培養善待自己的態度，多做自己喜歡的事情！

很多時，抑鬱與強烈的內疚情緒與不接納自己的思想有關。其實，很多的自責和內疚聲音都是不必要的，是鑽牛角尖思想的一種（例如個人化的思想傾向）。這與成長中缺乏健康正面的自我形象也有關，故此我們先要學習愛護自己，把自己當作最要好的知己朋友，儘量鼓勵和善待自己。研究顯示，建立正面的自我形象與情緒健康有莫大關係。

善待自己的最具體表現之一，就是容讓自己多做喜歡的事情，參與喜愛的活動，特別是有助於與人建立關係的活動。也許你覺得極為困難，尤其是在你情緒極度低落的時候，但不要中了「抑鬱惡魔」的詭計，「牠」就是想你這樣想。你要記住，「抑鬱惡魔」是個厲害的對手，不要輕信「牠」的謊話，誰說我們不可以苦中作樂、享受美好的時刻？在抑鬱中，你會凡事都提不起勁，沒精打采，覺得舉步維艱；但最重要的是你不要聽從自己負面的感覺，勇敢地多參與自己喜愛的活動，這樣你很快就會經歷到奇妙的改變，發覺黑雲背後仍有燦爛陽光！

自助練習

情緒低潮事件簿

- 我的童年經驗：

- 由童年經驗而建立的人生信念：

- 遭遇到不愉快、失敗的事件（引發事件）：

- 促使各種的想法（包括自己的期望、判斷、幻想、鑽牛角尖思想）：

- 引發情緒和行為反應：

負面情緒與溝通

當自己心情惡劣時，應如何面對人際關係呢？如何能夠有效處理自己的情緒和關係呢？這裏有幾項原則：

一．尋找知己分享

向願意聆聽、支持你的知己朋友分享，表達後總可減輕重擔，感到舒服一點，也可避免孤立自己，缺乏溝通和支援。

二．顧及對方感受

有些人很可能只顧傾訴自己的苦況，喋喋不休，完全沒有理會對方是否感興趣，這種單向的溝通並不能加深彼此的友誼，只會令自己以為是全世界最苦的一個，加深自憐，更令你身邊的人卻步。

三．不是發洩脾氣

很多脾氣火爆的人由於不善處理內在的壓力和情緒，一下子把所有情緒爆發出來，傷害了人際關係，這當然絕非健康成熟的處理情緒方法。你若是這種人，就應正視自己的情緒問題，找出解決之道，學習鬆弛、舒緩情緒的減壓方法。與人分享感受，勝於向人發洩情緒。

四．小心用字

假使你想向對方表達你的不滿或負面感受，請小心選擇你的用詞，可多用「我以為……」、「我覺得……」等帶分享意味的「我」句子，少用「你不該……」、「你為何……」等帶責備意味的「你」句子。因為「你」的句子容易引發對方的自衛本能，製造紛爭，破壞彼此感情；「我」的句子能增進對方了解和接納你，而不會令對方反感。

無可否認，真誠的分享和溝通帶有冒險成分，收藏自己感受雖然安全得多，卻是孤單得多！願意與人分享情緒感受是勇敢的表現，有時對方的反應可能令你失望，但若抱着真誠的態度去學習，總可突破彼此的隔膜，關係亦可向前邁進。

對準生活的焦點

生活裏我們有三個不同焦點的範疇，如何處理這三個範疇的事情對我們的情緒健康有莫大的關係。很多時，抑鬱是由於我們錯放焦點。這三個生活範疇是：

一．關注不能改變的範疇 (Sphere of concern)

很多事情都是我們極度關注，甚至是憂慮的，卻偏偏是我們無法控制或改變的，你可稱之為現實境況，例如社會經濟不景氣、親人離世等。若果你經常把自己的焦點放在這個範疇的事情，自然感到沮喪和無奈，以致情緒低落。面對現實境況，最合宜的因應態度就是接受事實，不要糾纏於「為什麼」、「假如」這些問題上。接受而放下是積極的態度，可避免掉入抑鬱的陷阱裏。

二．可控制的範疇 (Sphere of control)

若想抗衡抑鬱的心情，就要練習把自己的焦點多放在這個範疇之內的事情，思考有什麼是實際可行又值得去做的，就全力去做。這樣可以增加我們掌握環境的感覺，又可透過完成一些事情而增加自己的成功感。正如上文提及從行動着手，走出情緒的低谷，可以帶來良性循環的結果。

三．可影響的範疇 (Sphere of influence)

我們可影響的人和事，不等於可控制，不要把兩者混淆。這個範疇的事情都是值得關心和費心思的，但你的期望要踏實些，要接受結果有時未如所願。例如，你的改變多少可影響人際關係，但也有例外的時候（如果關係太差或對方很有成見），固然你可嘗試努力但不能過於強求。

總括來說，要戰勝抑鬱，就要多放焦點於第二個範疇（可控制的事情上），少去為第一個範疇（不能改變的事實）而煩惱，也應致力於第三個範疇（可影響的事情上）。能夠經常做到這幾點，便能扭轉壞心情，改善情緒健康和生活素質。

計劃開心的活動

正如上文提及，參與活動是帶領我們離開抑鬱情緒的首要方法。沮喪的人通常完成最基本的例行工作外，已沒有力氣也沒有興趣進行另外一些事情，甚至是自己的嗜好，而且一旦稍遇挫折，便會立即放棄。可是，沒有活動的你，只有睡覺、發呆、胡思亂想，這些都會維持低落的情緒，造成惡性循環。所以，你要把握生活的控制權，不再被抑鬱情緒佔據的話，便要從安排活動開始。除了日常的工作、活動外，你可以儘量增加一些令你情緒好轉的開心活動，例如：

1. 你喜歡的交際活動。找一個你喜歡的朋友，他可以是一個關心你，聆聽你分享，甚至可以令你開懷大笑的朋友，與他一起談天、逛街，也可以看一齣電影，或說一些笑話。
2. 一些令你覺得自己有用的事情。例如你可以為家人、朋友做一些事，使他們輕鬆愉快；你也可以去做義工，學習一些新的事物。
3. 一些令你開心的事情。例如讀一本令你發笑的漫畫，看一齣笑片，吃一些你喜歡的食物等。

以活動對抗抑鬱還有一個秘訣，就是把你的開心活動編成一個時間表，不要只空談做這個、做那個而缺乏真正的行動。當你能儘量依照活動時間表辦事，你的心情便會好轉過來。

自助練習

- 你有慣性的抑鬱或心情低落嗎？會否容易讓低落情緒牽制你，陷入惡性循環中？

- 抑鬱時，你有哪些負面消極的想法？你能否有力地反駁這些思想，轉換成積極合理的想法？

- 你有哪些喜歡的活動可以把你從低落的情緒中拉上來？抑鬱時你應提醒自己多做些什麼活動？

● 列出你感到開心的活動，並要許諾每天最少做一項。把這些活動記錄在開心活動紀錄表內，以便隨時用作參考。你要在活動開始前和結束後為自己的感覺評分。有些人會持消極的態度，抗拒做練習，但你將會發現，開心活動的評分工作能提升情緒和鬥志，幫助你減低悲觀和負面的情緒。

開心活動紀錄表

喜歡的活動	愉快程度
	♡♡♡♡♡♡
	♡♡♡♡♡♡
	♡♡♡♡♡♡
	♡♡♡♡♡♡
	♡♡♡♡♡♡
	♡♡♡♡♡♡
	♡♡♡♡♡♡
	♡♡♡♡♡♡
	♡♡♡♡♡♡
	♡♡♡♡♡♡
	♡♡♡♡♡♡
	♡♡♡♡♡♡

喜歡的活動	愉快程度
	♥♥♥♥♥♥
	♥♥♥♥♥♥
	♥♥♥♥♥♥
	♥♥♥♥♥♥
	♥♥♥♥♥♥
	♥♥♥♥♥♥
	♥♥♥♥♥♥
	♥♥♥♥♥♥
	♥♥♥♥♥♥
	♥♥♥♥♥♥
	♥♥♥♥♥♥
	♥♥♥♥♥♥
	♥♥♥♥♥♥
	♥♥♥♥♥♥
	♥♥♥♥♥♥

第十三章 如何處理憤怒情緒

- 憤怒的真相
- 測試你的想法
- 打斷憤怒循環的技巧

縱使不想承認，但我們都曾經甚或經常憤怒。憤怒的成因可以是雞毛蒜皮的事，例如錯過了一班列車；也可以是很嚴重的事，例如你被朋友出賣了。憤怒有程度之分，它可以是輕微地一皺眉頭，轉眼間火氣全消，也可以是糟糕得令你想「噴火」，令你情緒受困擾好一陣子。當然，愈嚴重的事情引起的憤怒愈深刻、愈持久。

憤怒的對象可以是自己、別人、事件和社會。其實，憤怒是一種自然的情緒，它與喜樂、哀愁、緊張都是人的基本情緒。可是，當憤怒既深且久，甚至是失去控制的時候，其威力真的可以如「噴火」一般，到處燃起火頭，破壞力驚人。這種破壞性的憤怒會燒毀我們的工作、人際關係、身體健康，甚至生活素質。

試回憶你憤怒時的情形，你是否漲紅了臉、心跳加速、呼吸既深且急、肌肉繃緊、手腳滿有力量似的，簡直想隨手執起東西便扔？而且，你心裏感到不公平、受委屈或被人欺負。差勁的情緒使你板起臉，你身邊的人將成為你的發洩對象。試問這種憤怒又怎會不影響你的身體健康、工作表現和人際（尤其是家人）關係？若然這幾方面都受到影響，你的生活素質便會大大降低。

要提升我們的情緒健康和生活素質，我們實在有必要學習處理憤怒。處理憤怒的大原則是減少破壞性的憤怒感覺和身體反應。當然，要達到這個目的，我們必須先了解自己，找出自己憤怒時的思考模式，以及有什麼人和事會令自己容易感到憤怒。然而，要減少憤怒並不是指我們要壓抑怒氣。

在本章中，你將學會了解自己憤怒的來源、幾種減弱怒氣的方法，以及處理人際間之爭執的原則。

揭開憤怒的面紗

憤怒似乎是由他人或事件誘發的。不過，維持憤怒的狀態卻是個人的思想和行為。我們許多時候說：「是他令我感到如此憤怒的。」這等於說，你的憤怒情緒是他人造成的，是他人的責任。這個想法確實可令我們感到公平一點：我們受苦、氣得七孔生煙是他人帶給我的，理應由那個人把它帶走，那麼我便不會憤怒。現實是，縱使對方已經道歉，甚至補救他們的過失，憤怒的情緒仍然存在，你仍然有一股「氣」憋在肚子裏。

其實，要處理你的憤怒，首先要找出怒火的燃料 —— 你的憤怒思想和行動 —— 然後才可以對症下藥。無論憤怒的起因是什麼，只要我們切斷怒火的燃料，這場「火」便可以受到控制。這就等於說：「他做了這樣的事情，我思前想後覺得很憤怒。」你不但描繪了事情的真相，也承認了感到憤怒的責任在於你自己。更重要的是你扮演一個主動的角色，你的憤怒不需要靠別人除去，你可以控制自己的怒火。

記住，你有權決定你的情緒，你可以選擇去生氣，也可以選擇一笑置之或化怒氣為力量。既然你是決定憤怒與否的那一位，便要明白哪些思想、信念與假設引致你憤怒。

很多時候，我們以自己的價值觀和假設去評論人和事，那些沒有依我們「規則」運作、辦事的人和事都會是錯的，既然我們認為某些人或事是錯的時候，自然會憤怒。可見，憤怒的形成多是基於人與人之間的價值觀和需要不同，而怒氣更是產生自我們的思想。其實，我們很難找到一個與自己想法一模一樣的人，因為我們都各自有一套價值觀！所以，若果我們堅持把自己的想法套在他人身上，只會兩敗俱傷，雙方也會感到憤怒，並且受到傷害。

自助練習

- **讀畢以下故事，想想兩位主角各自有什麼的假設和價值觀，哪些假設和價值觀產生了彼此的憤怒？**

敏慧每天在家都為丈夫子傑準備好晚飯，等他放工回家。子傑是一位「好好先生」，每天都與同事志力一起離開公司回家，並且每天準八時正回到家中。

這天，敏慧等得急了，已經是八時三十分，卻還未見子傑的蹤影。敏慧心急如焚，擔心子傑遇上意外：子傑回家途中要經過幾條馬路，會不會是他一不小心……敏慧知道子傑和志力每天都一起步行回家，所以撥了一個電話給志力的太太。

「我是子傑的太太呀。志力太太，請問志力回到家中沒有？」

「志力還沒有回來呀，我正想打電話問你子傑回來沒有。」

「噢，子傑也還沒有回到家中呢！」

敏慧舒了口氣，心定了下來，因為她知道子傑和志力在一起，而志力太太也沒有收到任何可怕的消息，子傑和志力兩個好朋友大概是談得太投契而忘了趕回家。敏慧想到這裏，埋怨子傑不懂事：子傑只顧與志力談天是錯的，他應該趕快回家免得她擔心，而且飯菜也涼了，吃冷飯菜有什麼益處呢？

子傑和志力每天也在公司見面，有什麼談不完可留待明天再說吧！子傑真的是！敏慧想起自己做事從來很有交帶的，怎麼子傑會是這樣呢……敏慧愈想愈憤怒。

「太太，我回來啦！」子傑開了大門，垂頭喪氣的道。

「子傑，為什麼遲了回家？你知道這樣令我很擔心嗎？」

「太太，我陪志力……」

「放工後不立刻回家，你到底去了哪裏？還不快點交代清楚！」敏慧似乎怒不可遏。

「難道好朋友有難，我可以袖手旁觀嗎？志力今天有很多工作，而他還被老闆罵……」

「他真的可憐呀！難道我擔心你不可憐嗎？」

「真的！我幫他做了一點工作，所以才晚了一點點……」

1. 故事中的敏慧有什麼假設？

2. 敏慧認為什麼是重要的？

3. 對子傑來說，敏慧認為重要的事，他認為重要嗎？子傑認為什麼是重要的？

4. 從這個故事中，你體會到憤怒如何形成？

以下列舉了一些憤怒時的思想，如果你有近似的想法，請你在句子旁的方格中加（√）號

☐ 我認為事情的發展應該有特定的模式，凡是以其他模式出現，都是比較差劣的。

☐ 我一定要保護自己，因為其他人也只顧保護自己。

☐ 他們應該知道有更好的做法，我真的不理解他們的行為！

☐ 我應該可以做得更好……為什麼我剛才想不到呢！

☐ 為什麼世事往往與我作對？

☐ 有無搞錯，咁唔公平？

- 還記得你的鑽牛角尖思想嗎？當中有哪些思想特別容易使你感到憤怒？
- 試為自己寫一個星期的憤怒日記，這個日記可以幫助你了解自己的憤怒模式，才能對症下藥，學習處理你的憤怒。詳細記錄什麼事情會激怒你，是微不足道的事還是嚴重的事？金錢上的事？感情惡化？被人搶了風頭？被人打斷話題？什麼人會惹怒你？上司、家人或朋友？你在生自己的氣嗎？為什麼？當你憤怒時你會忍氣吞聲嗎？這股火氣容易消散嗎？還是你會破口大罵？破口大罵後你會覺好一點嗎？你有罪咎感嗎？你發過脾氣後（無論是默不作聲或是破口大罵），你達到自己的目的嗎？別人比較喜歡還是不喜歡你？

日期、時間	導火線	「火氣」強度(1-10)	維持時間	行為	後果
3月23日下午1時	新買回來的電器動也不動	8（1是最輕微，10是最嚴重）	30分鐘	回電器店向店員破口大罵	感到後悔，覺得自己沒有修養

想法隨注意力而孕育

你知道想法隨注意力而孕育這個理論嗎？我們愈是把注意力投擲於某個想法上，那個想法愈會慢慢擴張，顯得愈是重要，影響你的生活愈大。你愈是全神貫注在心煩的事上，你的心情便愈糟糕（見圖一）。

圖一：憤怒的形成與持續

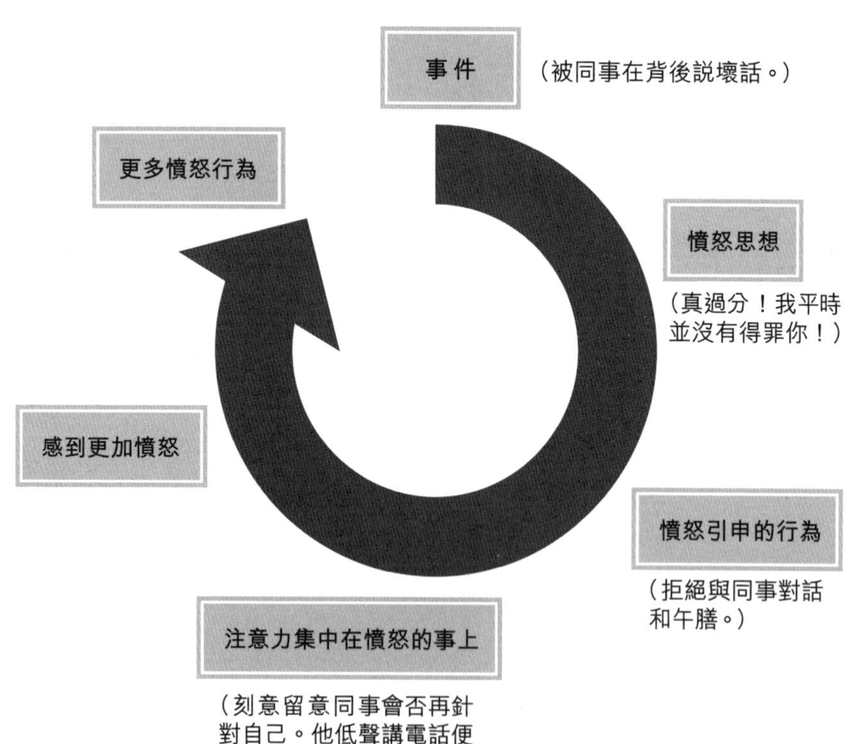

若果朋友因小事開罪了我們，我們感到氣結，同時多加留意那個朋友的態度：他的臉是多麼的臭，語氣是多麼的糟糕，他的舉手投足似乎還有對抗的意味，而且他於這件事上真的蠻不講理，太過分了……你愈想愈氣，愈想愈覺得他不對。

所以，我們要小心運用注意力，不要把注意力集中去想惹怒我們的人和事，也不要壓制自己「不要想」激怒我們的人和事。我們應該明白，憤怒是一種自然的情緒，是不能一下子摒棄的，重要的是我們怎樣減少不必要和過分的憤怒，以及於適當的情況下，適切地表達憤怒。

不做憤怒的奴隸

以下有幾種打斷憤怒循環的技巧，看看哪些方法適合你，然後多加練習，重掌自己的情緒控制權。記住，不斷練習是學習新技巧的不二法門，就像球員愈練球技愈見純熟，用起來自然得心應手。

一．認清常常觸怒你的情況

預先估計及作出最壞的打算，能助你準備面對衝擊。你可以使用日記簿，記下以往憤怒的事件，幫助了解自己的憤怒模式，藉此對症下藥，避免相類似情況發生。同時，若你發現自己再面對相似的事情時，不再輕易隨便動怒，你應讚賞自己，並把成功的原因記下。

二．換轉想法

憤怒很多時都是因為我們覺得不公平，或被傷害，或被阻撓而產生的情緒。正如前文提及，我們對事情的理解往往是自己主觀的想法，未必符合現實，或合情合理，當你發怒時總會覺得是你對人錯，但這是否真的呢？只是你個人的觀點嗎？若從對方的立場來看又如何？第三者的看法又怎樣？切忌一意孤行，不參考其他人的意見。若然我們能從不同的角度看事情，我們的憤怒程度可能會減低，因明白世事無絕對，別人的做法也有他的苦衷或道理。所謂情有可原，只要你凡事都不過分執著、看成絕對，很多憤怒情緒都可化解或避免的了。第九章中，「非黑即白」、「以偏概全」、「強加思想於他人」、「執著於控制」等，都是最容易引起憤怒情緒的思想傾向。

三．減低你的期望

若事實跟你期望的相距愈遠，你的失望愈大，累積的憤怒愈多。故此，你應嘗試避免時常身處這類情況，或是重新檢討現時定下的目標是否切合現實或個人需要。例如：你以往每週也跟朋友見面，你期望大家時常聯絡，但他們愈來愈忙，不能陪伴你，或許是時候調校自己對他們的要求。一個月出來一次可以嗎？你要如何打發空餘時間？做義工還是參加興趣班？

四．為憤怒降溫

「火遮眼」的情況，很多時是我們容讓自己的怒火愈燒愈旺的結果，很多失控的行為都是在這種情況下產生的；所以為怒火降溫是「救火」行動中必要的措施。至於降溫的方法，可參考以下幾種策略：

1. 離開現場

暫時離開現場是減少憤怒帶來爭執的好辦法之一，你的離開可以是身體上的，也可以是精神上的。精神的離開對於那種你不得不留在原來位置的情況（例如工作環境）特別奏效。這時候，你可以暫時不去想憤怒的事，想像置身一個令你心情愉快的地方，如你最喜歡的度假地或是你曾經看過的風景圖片。

2. 讓自己「過冷河」

如果你必須留在現場，便儘量讓自己靜一靜。你可以這樣做：

1. 説出你的感受，例如：「我真的很嬲，我想靜一靜，遲些再講。」

2. 當你説完後，便停止談論這件事。

你可以做些其他事情，例如閱讀、聽音樂或其他令你覺得輕鬆的事情，讓自己的情緒冷靜下來。

3. 延遲發火

我們被激怒時，從憤怒到攻擊之間的時間是很短暫的，但這些攻擊威力無比，破壞力強。有一個方法可以延長從激怒到攻擊的時間，讓你有機會冷靜一下，減少衝動，這個方法是默數。當你憤怒時，請在心中默數 1 到 10，同時深呼吸，又或是留心你的呼吸，默數呼吸次數來停止所有思想和行為。這樣，激動的情緒便會慢慢地冷卻下來，攻擊的威力會大大減低，它破壞你的人際關係的機會也大大降低。

4. 提醒句子

當你發怒時，馬上看看「自我提醒」的語句，警惕自己不要衝動。你可以預先準備這些「自我提醒」的句子，把它寫在小卡片上，放入皮包內，以便隨時用來提醒自己。這樣做可以減低憤怒爆發機會，幫助我們重新用思想去引領行為，而非任由憤怒驅使我們意氣用事。趁你現在仍是心平氣和的時候，趕快寫出「自我提醒」的語句吧！

5. 發掘自己的長處

我們必須學會肯定自己的能力所在，擁有堅定的意志，才能於挫敗中站起來。每天發掘自己獨特的能力和優勝之處，多肯定自己的價值便能避免因挫敗帶來的憤怒。當我們知道自己的價值時，就不需要以負面行為來表達不滿。

6. 加強同理心，學會寬恕

憤怒可以讓我們的情緒處於長期的失落狀態，只有真正的體諒和寬恕方能消除及免於進入憤怒的深淵。你應裝備自己，多聽、多觀察身邊的人，培養自己多角度思考，或參與義工服務，在幫助人的過程中，體會別人的境況，感受別人的難處，加強同理心的訓練。這樣，當有人激怒你，你便能夠從不同角度考慮別人的處境，減少不必要的怒氣。

自助練習

自製提醒句子練習

三個提示

- 內容儘量簡短；
- 用自己慣用的言詞；
- 內容要能夠平伏憤怒的情緒。

參考例子

我現在好嬲，我要深呼吸10次，等自己冷靜下來。

唔好嬲，換轉我是他，我都可能會這樣做。

慢慢來，等我冷靜些時再和他討論。

請寫出你的「提醒自己」語句：

爭執與憤怒的關係

當我們帶着憤怒的情緒與別人相處時，就比較容易產生爭執。另一方面，當我們爭執時，憤怒很可能是其中的主要情緒。所以，要管理好憤怒這種情緒，就要學習把爭執變成溝通。

爭辯與憤怒一樣，普遍存在於我們四周，一餐晚飯，一部電視劇都能引起爭辯。溝通的時候，若果雙方都試圖以自己的價值觀強加於人，夾雜了怒氣，爭辯就變得不愉快，並且成為爭執。在爭辯的過程中，情緒難免會波動，甚至面紅耳赤，更糟糕的是去翻對方的陳年舊賬。所以與人溝通時，我們切忌認為自己的觀念是世界上最正確的（這是許多人的通病）。另外，只顧道出自己的觀點，沒有耐心地、誠意地聽取對方的意見都不是善意爭論（溝通）的好方法，只會引起更多爭執與憤怒。

要善意地爭論，除了要學習好溝通技巧外（見頁第十二章），我們還要緊記以下幾點：

一．人誰無過！

古語有云：「人誰無過。」人總會犯錯誤，因為我們沒有一個人是完美的，不論源於問題錯綜複雜，或因個人能力有限，總出現錯失。你若犯錯，也希望得到別人的原諒，若果別人犯錯，就不要抓住他犯錯的地方不放，或者乘機譏諷對方一番，使他下不了台。包容與諒解是人際關係中減少爭拗的秘訣，抱着「人誰無過」的心態，我們便不再事事耿耿於懷，氣煞自己。

二．保持冷靜

有時候，我們會遇上一些專跟人「作對」的人，凡事都唱反調，每次都有他們的獨特見解。大多數人遇上這類人都展開反擊，然而這種即時的反駁並沒有什麼用處，怒氣與激動只會削弱你的思考能力。你最好保持冷靜思考，而非徹底地去擊敗對方。若果你決定説服對方，改變他的意見和行為，你有必要冷靜地把事實分析明白，與他從容地討論。

三．避免直斥其非

當你聽到別人對你說「你錯了！」會有什麼感覺？感到很難受吧，而且會有一股衝動去反擊。事實上，每個人都有保護自尊的本能，當我們被人當面指出錯誤時，我們基於尊嚴都會本能地反擊。正因如此，我們與人爭論時切忌直斥其非，更不要強迫人家當面承認錯誤。你可以用委婉的方法，暗示他的錯誤，這樣才不會破壞你們之間的關係，也可以避免憤怒情緒。

四．一笑解千怒

有謂「一笑解千愁」，笑除了可以解愁外，也可以解怒。微笑可以消除人與人之間的隔膜，更可以拉近人與人之間的距離。笑有一種動人的魅力。試想，當你看見一個人向你微笑時，你是否感到一種無形的力量，推動你跟他接近？笑也可以緩和緊張的氣氛，在嚴肅的會議上，若果與會者適當地開個小玩笑，緊張沉悶的氣氛便會立刻消失得無影無蹤，也可以再次集中聽眾的注意力。所以，在爭論和感到生氣的時候，不妨開一個小玩笑，或者來個真誠的微笑，說不定有意想不到的效果呢！

- **你最容易被怎樣的人和事激怒？為什麼？**

- **你憤怒的原因多數是什麼？是要維持自己的自尊？公平？權益？原則？或是面子？**

- **你是個性格衝動的人嗎？你能在憤怒中叫自己儘量冷靜嗎？你能怎樣控制自己的情緒？**

- **發怒後，你何時候會感到後悔的呢？會否後悔傷害別人及自己呢？你會如何修補呢？**

憤怒思想紀錄表

日期、時間	憤怒的事件	當時的想法（判斷/期望）	當時的反應
4月20日晚上8時	家人答應幫我取一份重要文件，但忘記了。	如果他着緊我，他一定不會忘記帶給我。	激氣（情緒反應），責罵他不守信用（行為反應）。

有哪種鑽牛角尖思想	有什麼證據支持我的想法	可以有什麼不同的想法	換了這種想法後的反應
「非黑即白」的想法	沒有	他只是一時忘記罷了。	提醒他明天帶文件給我（行為反應）。

第十四章

如何面對孤單和寂寞情緒

- 寂寞測試
- 寂寞的原因
- 應付寂寞

「下班後，同事們叫我一起去吃晚飯。餐廳裏四處都熱熱鬧鬧。同事們談得眉飛色舞，興高采烈。我對她們的對話毫無興趣，唯有禮貌地向她們點頭微笑，內心卻感到格格不入，實在有點寂寞啊！真希望可以儘快吃完，去跟自己的好朋友見面。」

- **阿盈，24 歲，文員**

「我經常獨坐房間內，日以繼夜用電腦打機、看影片、聽歌、瀏覽網頁等等。我非常熟悉操作電腦，它也總是不負所託地滿足我的要求。我覺得沒有人有興趣了解我，我也不擅長與人溝通，唯有這部電腦是孤單的我最忠心的夥伴。」

- **阿文，40 歲，電腦技術員**

寂寞從何而來

寂寞可說是大部分人普遍會有的經歷，是正常生活的一部分。孤單感覺可以在出生時或自幼便產生，且在漫漫人生中一直維持着。無論是幼兒、青少年、成人，抑或長者，也不論性別、種族、婚姻狀態、經濟能力和社會地位，都同樣會經歷不同程度的寂寞。像阿盈的例子，一起吃飯的同事們話不投機，所以在羣體活動中感受到短暫的寂寞。但當寂寞的感覺成為每日主要的情緒，就如阿文的例子，思緒、言行、甚至重要決定都受寂寞的心情影響。那麼，寂寞便成了主人，使我們不知不覺活在綑綁中！

很多人指出缺少社交接觸，孤獨離羣，會令我們產生寂寞的感覺。另一方面，個人對社交關係的想法和渴求，也會影響自己對寂寞的主觀感受。當我們的社交關係，未能符合我們渴望得到的質量時，便會產生寂寞的感覺。換句話説，一些人身邊有不少朋友，內心卻依然感到寂寞；也有人經常獨來獨往，卻不感到孤單。

自助練習

自製提醒句子練習

你經常感到以下情況嗎？

- 我討厭單獨活動，例如是吃飯和看電影，我會感到不開心。
- 我沒有傾訴對像。
- 我缺少同伴或伴侶。
- 我覺得無人真正了解我。
- 我常常留意着電話，盼望會有人致電或發信息給我。
- 當我遭遇困難時，身邊沒有人能給我安慰和支持。
- 沒有人有興趣了解我的喜好。
- 我感到被人忽略或排擠。
- 我覺得很難與身邊的人好好溝通。
- 我與他人只有形式化的交往、缺乏互相了解。
- 我十分渴望能有同伴/伴侶。
- 我感到自己與身邊的人之間，彷彿有一堵無形的高牆。
- 我很少參加社交活動。
- 我覺得很難建立友誼。
- 在羣體活動中，我仍然感到孤單。

（參考資料：Russell, D., Peplau, L. A., & Ferguson, M. L.(1978). Developing a measure of loneliness. *Journal of Personality Assessment*, 42, 290-294.）

寂寞的不同面貌

寂寞是個多面體，包括以下多種面貌：

一・情緒困擾

「寂寞就如鉛錘重重地壓着兩肩和胸口，令我透不過氣來，使我快要被壓垮了。」

「即使陽光普照，我卻彷彿身處黑暗。縱使心裏極力呼喚，卻無人聽見。」

情緒困擾可說是寂寞最顯著的面相。不少人形容寂寞的感覺為「讓人感到揪心的痛苦」、「空虛」、「徬徨」、「煩悶」、「焦慮」、「叫人憤怒」和「無盼望」。寂寞令人對生活感到不快樂、不滿足和悲觀。

二．自我貶斥

「即使我請了病假，大家也不會留意到我缺席。」

「在聯誼活動中，我總是覺得自己毫不吸引，是個任何人都嫌棄的大悶蛋。」

孤單是一種主觀的感覺。面對羣體，心中感到不被接納、不被需要，也無人有興趣認識。認為自己在羣體中的存在可有可無，不知不覺間貶低自己的個人價值，令自我形象低落。

三．與人疏離

「我喜歡我行我素，不想與別人打交道。」

「我將心事埋藏在心中已夠了，不需要向人傾訴。」

當得不到別人的關愛而感到焦慮，為了減輕被人拒絕時的心痛感覺，有些人會否定與人建立關係的重要性，甚至主動拒絕別人，「不是他不需要我，是我不需要他！」這種「拒絕」和「否定」的反應尤其容易發生在親密關係中，不但阻礙關係的建立和修復，還容易引起怨恨情緒。

寂寞也有益!?

「在寂寞的日子裏，我慢慢發現自己在親密關係中最在乎的是什麼。」

「寂寞驅使我主動尋求幫助，去解決一直困擾着我的人際關係問題，讓我更新改變。」

情緒痛苦和身體痛苦一樣，都對我們有正面作用。痛苦叫人難以忽視它，令我們意識到有問題存在，集中注意力尋找痛楚根源。消除痛苦的渴望，驅使我們作出改變，達致康復。

對大部分人來說，寂寞是難以忍受的，卻因而推動我們將注意力由外在環境轉向內在思緒，思索自己在人際關係中未能滿足的地方，重整生活各項目標的優先次序（例如減少娛樂時間去陪伴家人）、並且反省個人信念和價值觀（例如認為斤斤計較就是公平）。為了消除寂寞的痛苦，我們主動與他人連繫。眾多心理學研究均指出，與人連繫能促進個人精神健康，令生活變得更有意義。

寂寞有時，不寂寞有時

在現實生活中，寂寞有如霧霾，我們無法完全避開它，也難以將它徹底除掉。對於短暫出現的寂寞，我們可以用「積極分心法」，刻意做一些不相干的事情，令自己的注意力由寂寞轉移到其他無關的想法上，減輕苦惱。長遠來說，我們既然要與寂寞共處，便需要學習一些應付方法，避免心情被它破壞。

應付方法一：自我接納和自我反省

「我感到寂寞，全因個性軟弱、不夠堅強。」

「全因我無用」這類自我貶斥的想法，除了令自己討厭自己，對應付寂寞毫無幫助。事實上，再堅強的人也有寂寞的時候。

學習面對和接納自己感到寂寞的實況，就是接納自己需要與人連繫、得到別人關心和支持，也接納自己在當下生活中，人際關係暫時尚未如願的現實。撥一些時間安靜下來，仔細覺察自己內心的需要和渴望，照顧自己的身體和心靈需要，讓自己的情緒、想法和行為歸於和諧。可以運用正面的「自我對話」，引導自己以正面心態面對寂寞：

「人人都會有感到寂寞的時候。」

「我感到寂寞，因為我有與人連繫的基本需要，並不表示我過分依賴別人。」

應付方法二：學習獨處

「我討厭單獨活動，例如是吃飯和看電影，我會感到不開心和緊張。」

害怕孤單，很自然便想找個伴，驅使我們主動與人接觸。可是，有些人因為對孤單感到焦慮，便在上一段戀情尚未妥善結束之前，馬上急不及待展開另一段親密關係。本來只是想逃避焦慮，結果反而弄致舊愛新歡衝突爭吵。亦有人因為懼怕寂寞，即使面對不合適的親密關係，也極力捉緊對方，不願結束，結果添了更多痛苦。隨便抓着一段關係來逃避寂寞，或許能暫時挪開焦慮感覺。但每當關係出現變化，寂寞突襲，那個焦慮而脆弱的自己依舊是膽顫心驚、精神繃緊。

要能自信地與寂寞共存，學習獨處是重要的求生伎倆。獨處不等於寂寞。成功獨處的人享受一個人的時光，珍惜不受外界干擾的片刻，既「樂得清靜」也能「自得其樂」，只因能專注滋養自己的身心靈而喜悅。可以利用獨處的時候，發掘自己的興趣和長處，找出一個人也能夠好好享受的活動，例如是閱讀、做運動、或者是學習樂器等。心理學研究發現，愈能享受獨自活動的人，愈少因為寂寞而感到焦慮難過。

學習獨處的其中一個好處是不會因為懼怕寂寞和焦慮而拼命抓着親密關係。既然能安然獨立自處，發展親密關係便不再是「我一定要有個伴」，而是一種選擇，容讓自己多放時間與對方多作了解，看看是否彼此適合。這樣從容不迫地與人交往，更有利於建立長久而親密的關係。

應付方法三：增強社交能力

「我感到被人忽略和排擠。」

「我覺得很難與身邊的人好好溝通。」

有些人容易感到寂寞，源於社交能力不足，也不擅於與人溝通，尤其是對人表達情感。要知道人際關係就像栽種植物，需要悉心照料，定時看顧、才不致凋謝。缺乏社交技巧，就像面對植物但不懂得栽種方法，不知應該如何處理。

我們可以藉由主動參與羣體活動，觀察其他人是如何互動，從中學習社交技巧。有需要的時候，也可參加一些針對性的社交技巧訓練活動，例如是人際溝通技巧訓練班，增強自己的社交能力，讓自己懂得運用有效的方法與人連結，建立個人的社交支持網絡。

圓滿結局篇

第十五章

快樂由心出發

- 快樂人生秘訣
- 練習活在當下
- 你確定自己的方向和目標嗎？

你要保守你心，勝過保守一切，因為一生的果效是由心發出。
（《聖經・箴言》四 23）

當你讀到這裏時，已經明白情緒是怎麼的一回事。若果你認真完成每章的練習，一定更能掌握自己的情緒。

愈來愈多證據顯示，快樂與否最重要因素並非客觀現實環境，而是你個人的心理素質。要情緒健康，做個開心快樂人，不單要懂得處理負面情緒，更要培養正面的情緒，包括愉快、平靜、滿足、和平、興奮、仁愛等。近年西方流行的正向心理學正提出發展正向心理的重要，當中主要的倡導者、著名心理學家沙利文博士和他的同事不斷進行多項心理研究，試圖深入了解正面情緒及優良的個性的本質。

沙利文在他的著作 *Authentic Happiness*（《真實的快樂》）一書中指出，真正的快樂是當你能對自己的過去、現在和將來都抱正面態度：能以欣賞的眼光看待自己的過去，心存感恩；全情投入，活在當下，享受此刻的生活；抱樂觀企盼的心情看將來，為理想和目標而生活。如果你能充分掌握這些心態和生活的藝術，沙利文就認為你將享有真正的快樂。

自助練習

- 你對過去感到滿意嗎？有哪些遺憾還未能放下？

- 你滿意現在的生活嗎？能夠全情投入生活之中嗎？還是對過去經常感到後悔？對將來感到焦慮？

- 你對自己的將來感到樂觀還是悲觀？
  你仍在追求理想和目標？

- 還是已經放棄了追尋理想？

快樂人生的秘訣

你想得到真正的快樂，除了懂得處理壓力和負面情緒之外，必須培養以下正面的心態。快樂是由心出發的，所以心態和信念至為重要。

一．知足常樂，心存感恩

「知足者常樂也」，這是中國傳統文化的智慧，是個永恆不變的道理。一個知足的人着眼於他所擁有的東西，並不以為是應分得到、理所當然的，而是常抱着一種驚訝、感恩、謙卑的態度領會當中一切。只要抱着這種心態，就是生活瑣碎事情也心存感激和欣賞：例如一日三餐溫飽也非必然的事；四肢健全、活動自如也是一種福分；有一個溫暖的家庭、穩定的工作、安定的社會環境等等都感到知足。若你缺少其中一樣也不用氣餒，只要注視你所擁有的，不是已經比許多人幸福嗎？

自助練習

- 你要經常提醒自己知足感恩。你可將過去所有值得感恩或欣賞的經歷和事情記下來，完成後，你會對自己的人生有另一種領會，驚訝自己原來十分蒙福。

二·接受現實，化危為機

人生總有喜有悲，有幸有不幸，這是生命的真相，你只能全盤接受。不願意接受現實的心態，只會帶來更大的痛苦，於你並無益處。懂得接受不能改變的事情是生命向前的動力，正如一段著名的禱文所言：「……讓我有勇氣去改變所能改變的，接受那不能改變的，並有智慧曉得兩者的分別。」這點非常重要。多少人就是不能接受過去某些事情，如親人離世、失業、失婚等而含恨終生，從來沒有放下這些包袱。現實不會遷就你，只有你去適應現實，當你願意接受現實境況時，你才會經歷一種釋然，你才可真正活在當下。

樂觀的人不單是這樣，他們更曉得怎樣化危為機。與其將每個困難看成討厭或可怕至極的事，不如將之視為一個磨練學習的機會。人生恍如一所學校，「求學不是求分數」，而是追求成熟優良的品格和能力。事實上，世上有什麼比投資在自己的品格和內在素質上更有價值呢？

自助練習

- 你不願意接受哪些事實呢？這些事情會是你最有能力的「老師」，教導你學習人生的功課嗎？

- 過去你可有化危為機的經驗？你是怎麼經過？轉變的關鍵在哪裏？

三．活在當下，專注此刻

活着，是現在的，因為你只可活在此時此刻。全情投入此刻正在進行的活動，這就是專注，是一種健康的生活態度，你可完全感受到生命的活力，經驗也會豐富起來。假使你習慣心不在焉，心思意念經常遊走於回憶過去、憂慮將來之間，你會漸漸對經驗感到麻木，很容易活在自己思慮的囚牢中。記住，思緒纏身往往比單純專注叫人更易疲憊。若你能專注於眼前的事，全情投入的去做，自然獲得美妙感覺。

自助練習

- 由此刻開始，你可嘗試全心全意的去做每件事情，吃飯時專心吃飯，走路時專心走路，工作時專心工作，歡樂時專心歡樂，練習專注。

- 你可嘗試用靜觀的態度留心自己的狀況，觀察自己，讓自己的思緒和感覺自然的來，自然的去，像天空的浮雲、或海中的波浪一樣，不要加以阻止。漸漸地你會養成敏銳和客觀的習慣，對此時此刻的現實境況和自己，看得更為清晰。

四．意義為本，目標在望

近代心理學的研究發現，覺得人生愈有意義的人，愈感到滿足和快樂，亦較少機會感到抑鬱和沮喪。人活着需要感到有意義和有價值，這是快樂的不二法門。你工作的目的是什麼？為了薪酬？為了建立一生事業？為了自我滿足和發展？只有當你覺得你的工作是滿有價值和意義時，工作才成為你的使命，為你帶來最大的滿足。事實上，覺得生活有意義的人較熱誠積極、富推動力，較能忍受困難和逆境。2003 年 SARS 期間殉職的謝婉雯醫生就是最佳典範，她對生命的承擔和熱情激勵了香港人。若要活得積極開心，就必須尋找到自己生命的意義和肯定生命的價值。

調查顯示，大多數人認為富意義的事情不外乎以下幾個範疇：親密／關係、工作／成就、創造／分享、靈性／信仰。確定了生命的意義後，你可將它化為目標，具體的落實於生活之中。

船需要舵，汽車需要方向盤，你的生活也需要明確的目標和方向，讓你能活出最佳的潛能和真義。

自助練習

- 你為自己做過生涯規劃，確定自己的方向和目標嗎？你覺得自己屬於「追標的一族」還是「迷失的一代」呢？你的規劃是建基於哪些價值觀和意義上？

- 若你只餘下大約一年的生命，你會如何規劃自己餘下的時間？走到人生最後的階段時，你會後悔自己一直忽略生活的哪些方面呢？

五．生命接觸，情感交融

最後一種可帶來快樂滿足的生活態度是進入別人的生命，也讓別人觸摸你的生命，與人建立互信互愛的親密關係。人非孤島，情感交流是人最基本的心理需要。人從嬰孩時期開始，就需要在感情上依附一位照顧者(通常是母親)，與她建立信任和密切的關係，這對形成個人的自我觀念和成熟心智都極為重要。這種依附從屬的需要是一生之久的，雖然對象會因人生階段不同而轉變，但需要卻是一樣。

可是，在我們成長的過程中，受別人傷害幾成不可避免的事實，有些人漸漸築起自我保護的圍牆，甚至以攻擊手段來先發制人，不讓自己再受傷害。於是，人與人之間的疏離和隔膜愈來愈大，孤單已成為 21 世紀最嚴重的問題之一。你若想活得滿足快樂，就得多投資在感情的「戶口」上，多關心留意身邊的人，了解他們的需要，投放資源時間在他們身上，也讓他們投資在你身上。只有生命遇上生命時，那份真誠的接觸才能化解寂寞和孤單，使人的心暖起來。

自助練習

- 你最近一次受感動是什麼時候？最近一次你使人感動又是什麼時候？你覺得自己的心靈經常充實滿足，還是孤單寂寞？

- 在生命的接觸、感情的交流之中，你最珍惜的是什麼？過程中你可有影響別人，也讓別人影響你？你有什麼改變？

結語

當你讀畢這本書，才是你改善自己或提升健康情緒的開始。成長是一條漫長的旅程，只要依據書中的建議按部就班多加練習，你必定有意想不到的收穫。但願你能脱離負面情緒和思想的控制，多建立正面的情緒和積極的思想，努力追求和實踐你的人生目標和意義，一個更美麗和健康的人生自然會展現在你的面前！

參考書目

- Aked, J., Marks, N., Cordon, C., & Thompson, S. (2008). *Five Ways to Wellbeing: The evidence*. London: nef.

- Argyle, M. (1987). *The Psychology of Happiness*. London: Methuen.

- L. K. Barlow, D. H. (2014). *Clinical handbook of psychological disorders: A step-by-step treatment manual*. NY: The Guilford Press.

- Baumeister, R. F. (1991). *Meanings of Life*. NY: The Guilford Press.

- Beck, A. T. (1976). *Cognitive Therapy and the Emotional Disorders*. NY: International Universities Press.

- Berking, M.,& Whitley, B. (2014). *Affect regulation training: A practitioners' manual*. NY: Springer.

- Beck, J. S. (2011). *Cognitive behavior therapy: Basics and beyond*. NY: The Guilford Press.

- Campbell, A.(1981). *The Sense of Well-being in America*. NY: McGraw-Hill.

- Charlesworth, E., & Natham, R. (1982). *Stress and management: A comprehensive guide to wellness*. NY: Athenuem.

- Cornell, A. W. (2013). *Focusing in clinical practice: The essence of change*. NY: WW Norton & Co.

- Cirarrochi, J. V., & Bailey, A. (2008). *A CBT-practitioner's guide To ACT: How to bridge the gap between cognitive behavioral therapy and acceptance and commitment therapy*. NY: New Harbinger Publications.

- Diener, E.(1984). Subjective well-being. *Psychological Bulletin*, 95, 542-575.

- Emmons, R. A.(1986). Personal strivings: an approach to personality and subjective well-being. *Journal of Personality and Social Psychology*, 51, 1058-1068.

- Everly, G. Stress Coping Skills Test (http://www.southalabama.edu/counseling/coping_skills.htm)

- Folkman, S., & Greer, S. (2000). Promoting psychological well-being in the face of serious illness: when theory, research and practice inform each other. *Psycho-oncology,* 9, 11-19.

- Gendlin, E. T. (1982). *Focusing*. NY: Bantam Doubleday Dell Publishing Group Inc.

- Germer, C. K. (2009). *The mindful path to self-compassion: Freeing yourself from destructive thoughts and emotions*. NY: The Guilford Press.

- Gilbert, P. (2010). *Compassion-focused therapy: Distinctive features*. NY: Taylor & Francis.

- Goleman, D. (1996). *Emotional intelligence: Why it can matter more than IQ*. London: Bloomsbury Publishing.

- Greenberg, L. S. (2011). *Emotion-focused Therapy*. American Psychological Association.
- Gross, J. J. (Ed.). (2015). *Handbook of Emotion Regulation*. NY: The Guilford Press.
- Happy Planet Index 2016.
- Harris, R. (2009). *ACT made simple: An easy-to-read primer on acceptance and commitment therapy*. Oakland: New Harbinger Publications.
- Hawton, K., Salkovskis, P. M., & Kirk, J., & Clark, D. M. (1989). *Cognitive behaviour therapy for psychiatric problems: A practical guide. London.* Oxford: Oxford University Press.
- Hayes, S. C. (2005). *Get Out of Your Mind and into Your Life*. Oakland: New Harbinger Publications.
- Hayes, S. C., Strosahl, K. D., & Wilson, K. G. (2012). *Acceptance and commitment therapy: The process and practice of mindful change* (2 ed.). NY: Guilford Press.
- https://static1.squarespace.com/static/5735c421e321402778ee0ce9/t/57e0052d440243730fdf03f3/1474299185121/Briefing+paper+-+HPI+2016.pdf
- Jon Kabat-Zinn, J. (2005). *Wherever you go, there you are: Mindfulness meditation for everyday life*. London: Little, Brown Book Group.
- Keyes, C. L. M., & Haidt, J.(Eds.)(2003). *Flourishing: Positive psychology and the life well-lived*. Washington, DC: American Psychological Association.

- Kolts, R. (2016). *CFT made simple: A clinician's guide to practicing compassion-focused therapy*. Oakland: New Harbinger Publications.
- Kleinke, C. L. (1991). *Coping with Life Challenges*. U.S.A.: Brooks/Cole Publishing Company.
- Lazarus, R. S. (1991). Progress on a cognitive-emotional-relational theory of emotion. *American Psychologist*, 46, 819-834.
- Lopez, S. J., & Pedrotti, J. T. (Eds.) (2014). *Positive psychology: The scientific and practical explorations of human strengths*. Thousand Oaks, CA: Sage Pub. Co.
- Leahy, R. L., Tirch, D., & Napolitano, L. A. (2011). *Emotion regulation in psychotherapy: A practitioner's guide*. NY: The Guilford Press.
- Lyubomirsky, S. (2008). *The how of happiness: A scientific approach to getting the life you want*. NY: The Penguin Press.
- Mennin, D. S., & Fresco, D. M. (2015). Emotion regulation therapy. In Gross, J. J. (Ed.). *Handbook of Emotion Regulation*. NY: The Guilford Press, pp. 469-487.
- Neff, K. (2015). *Self-Compassion: The proven power of being kind to yourself*. NY: HarperCollins Publishers Inc.
- Plutchik, R. (1980). A Language for the emotions. *Psychology Today*. Feb. 67-73.
- Seligman, M. E. P. (2002). *Authentic happiness: Using the new positive psychology to realize your potential for lasting fulfillment*. NY: Free Press.

- Seligman, M., & Csikszentmihalyi, M. (2000). Positive psychology: an introduction. *American Psychologist*, 55, 5-14.
- Seligman, M. (1994). *What you can change and what you can't: The complete guide to successful self-improvement.* NY: Knopf.
- Williams, M.G., & Penman, D. (2011). *Mindfulness: A practical guide to finding peace in a frantic world.* London: Little, Brown Book Group.
- 克里斯．克藍克著、許梅芳譯（1998），《扭轉心靈危機》。台北：生命潛能。
- 香港心理學會臨牀心理學組（2002），《身心鬆弛練習新編》。香港：基督教服務處。
- 黃惠惠（2002），《情緒與壓力管理》。台北：張老師文化。
- 湯國鈞等著（2010），《喜樂工程——以正向心理學打造幸福人生》。香港：突破出版社。
- 張春興（2012），《心理學概要》。台北：東華書局。